LA FRANCE CHARITABLE
ET PRÉVOYANTE

TABLEAU DES ŒUVRES ET INSTITUTIONS
DU DÉPARTEMENT DU
RHÔNE

Publié par les soins de l'Office central des Œuvres de bienfaisance, reconnu d'utilité publique par décret du 3 juin 1896, 175, boulevard Saint-Germain.

PARIS
LIBRAIRIE PLON
E. PLON, NOURRIT et Cie, IMPRIMEURS-ÉDITEURS
RUE GARANCIÈRE, 10
1896

OFFICE CENTRAL
DES
OEUVRES DE BIENFAISANCE
Reconnu d'utilité publique par décret en date du 3 juin 1896

175, BOULEVARD SAINT-GERMAIN

(Prévoyance et Charité)

EXTRAIT DES STATUTS
I. But de l'Association.

ARTICLE PREMIER.

L'Association d'assistance libre, dite « Office central des OEuvres charitables », fondée en 1890, a pour but de rendre l'exercice de la charité plus efficace, de faire connaître aussi exactement que possible l'état de la misère et les œuvres destinées à la soulager, de discerner et de propager les moyens les plus propres à la prévenir et à la combattre. Elle a son siège à Paris.

ARTICLE 2.

Elle se propose d'atteindre ce but :

1° En procédant à une enquête permanente sur les œuvres charitables de toute nature qui existent en France et sur les services qu'elles peuvent rendre ;

2° En les reliant, en fournissant des indications sur ces œuvres et en servant d'intermédiaire auprès d'elles ;

3° En recueillant des renseignements sur les pauvres ;

4° En provoquant la création d'œuvres d'assistance et notamment d'assistance par le travail, en aidant à leur développement ;

5° En facilitant le rapatriement des individus susceptibles de trouver des moyens d'existence hors de la capitale, et en multipliant, à cet effet, le nombre de ses correspondants ;

6° En échangeant des informations et des services avec les œuvres charitables établies à l'étranger, en faisant connaître les différents systèmes d'assistance et leurs résultats pratiques ;

7° En propageant les institutions de prévoyance et notamment en facilitant les assurances ouvrières.

CONSEIL D'ADMINISTRATION
Président :

M. le **marquis DE VOGÜÉ**, membre de l'Institut, ancien ambassadeur. Vice-président de la Société française de secours aux blessés militaires.

Vice-Président :

M. **Georges PICOT**, membre de l'Institut. Président de la Société française des habitations à bon marché ; président de la Société d'apprentissage des jeunes orphelins ; membre du conseil d'administration de la Société philanthropique.

Secrétaire général fondateur :

M. **Léon LEFÉBURE**, ancien député. Membre du conseil de l'OEuvre des jeunes garçons incurables ; président d'honneur de la Société générale de patronage des libérés, etc.

Trésorier :

M. **Maurice DAVILLIER**, banquier. Directeur de la Caisse d'épargne de Paris.

Vice-Trésorier :

M. **L. BRUEYRE**. Membre du conseil supérieur de l'Assistance publique ; administrateur délégué de l'Orphelinat du faubourg Saint-Antoine, 254 ; membre du conseil de direction de l'OEuvre du sauvetage de l'enfance, etc.

M. le **marquis DE FOUCAULT** (secrétaire du conseil d'administration).

— *Membres :*

M. le **prince D'ARENBERG**, député. Président de la Société philanthropique.

M. AUBURTIN, maître des requêtes au Conseil d'Etat.

M. **Henry BERTRAND**, avoué près la Cour d'appel. Assistance par le travail.

M. **Jean-Rémy CHANDON DE BRIAILLES**.

M. **E. CHEYSSON**, inspecteur général des ponts et chaussées. Membre du conseil supérieur de l'Assistance publique; vice-président de la Ligue nationale de prévoyance et de mutualité, et de l'Union des Sociétés de patronage en faveur des prisonniers libérés.

M. **DE CRISENOY**, ancien conseiller d'Etat. Président du comité de l'Union d'assistance du XVIe arrondissement.

M. **Amédée DANGUILLECOURT**. Administrateur de la Société philanthropique.

M. **A. DELAIRE**. Secrétaire général de la Société d'économie sociale; vice-président de la Société générale de patronage des libérés.

M. le **marquis DE GANAY**. Président de la Société des amis de l'enfance.

M. **Fernand GIRAUDEAU**. Membre du conseil de l'Hôpital libre du Perpétuel secours.

M. le **marquis DE GOUVELLO**, ancien député. Président de la Société de patronage des orphelinats agricoles.

M. **A. GUILLOT**, membre de l'Institut, juge d'instruction au tribunal de la Seine. Secrétaire général fondateur du Comité de défense des enfants traduits en justice; vice-président de la Société de patronage pour les jeunes détenus et les jeunes libérés du département de la Seine.

M. le **comte D'HAUSSONVILLE**, de l'Académie française. Président de la Société de protection des Alsaciens-Lorrains demeurés Français.

M. le **général HUMANN**, délégué de l'Œuvre de la Miséricorde.

M. **Nathaniel JOHNSTON**, ancien député. Membre de la Société de secours aux blessés militaires.

M. **Léon LALLEMAND**, correspondant de l'Institut.

M. **Étienne LAMY**, ancien député. Membre du conseil d'administration des Fondations Galliera (orphelinat, maison de retraite).

M. **Eugène LECOMTE**, agent de change honoraire. Membre du Comité de l'Œuvre de l'hospitalité du travail.

M. le **baron DE LIVOIS**. Président fondateur de l'Œuvre de l'hospitalité de nuit.

M. **Eugène MARBEAU**, ancien conseiller d'Etat. Président de la Société des crèches; vice-président de la Société philanthropique.

M. **PÉAN DE SAINT-GILLES**, notaire honoraire. Vice-président de la Société philanthropique.

M. **Albert RIVIÈRE**, ancien magistrat. Secrétaire général de la Société générale des prisons; membre du conseil de l'Union des Sociétés de patronage en faveur des prisonniers libérés; membre du conseil de la Société de protection des engagés volontaires.

M. **RIVOLLET**, conseiller à la Cour des comptes. Membre du bureau d'administration de la Société de secours mutuels du VIIIe arrondissement.

M. le **baron F. DE SCHICKLER**. Président du Comité de direction de la Société des ateliers d'aveugles.

M. **Jules SIMON**, de l'Académie française, sénateur. Président de l'Union française pour la défense ou la tutelle des enfants maltraités ou en danger moral (Sauvetage de l'enfance); président de la Société d'encouragement au bien, etc.

M. **Maurice DE LA SIZERANNE**. Secrétaire général de l'Association Valentin Haüy, pour le bien des aveugles.

M. **STOURM**, ancien inspecteur des finances.

M. le **vicomte DE VILLIERS**. Vice-président du conseil d'administration de la Colonie de Mettray.

Administrateur :

M. **Alphonse BÉCHARD**, ancien préfet.

MEMBRES DÉCÉDÉS DEPUIS 1890 :

M. le **comte DE LAUBESPIN**, sénateur. Fondateur de la Maison de travail pour les hommes.

M. **MAMOZ**. Fondateur de l'Œuvre d'assistance par le travail.

M. le **docteur MARJOLIN**, de l'Académie de médecine, chirurgien honoraire des hôpitaux. Président de la Société protectrice de l'enfance.

M. le **duc DE MORTEMART**. Président du Conseil de l'Œuvre des jeunes incurables.

M. le **baron ROZE**. Membre du Conseil de la Société centrale des naufragés.

NOTE PRÉLIMINAIRE

La « France charitable et prévoyante » se compose : 1° de la série des fascicules départementaux ; 2° d'une Récapitulation générale par nature d'œuvres.

Une notice, placée en tête de la publication, définit le rôle de l'Office central des œuvres charitables, l'objet, le cadre et la méthode de l'enquête qu'elle a organisée pour dresser l'inventaire de la France charitable et prévoyante, les concours qu'elle a utilisés, et les sources auxquelles elle a puisé ses renseignements. Les personnes qui veulent s'éclairer sur ces divers points sont priées de se reporter à cette notice.

Chaque fascicule départemental se publie à part : il embrasse à la fois les œuvres de l'assistance publique et celles de l'assistance privée, sans s'engager sur le terrain de l'instruction primaire, sauf en ce qui concerne les *écoles maternelles*, qui, par certains côtés, touchent à l'assistance infantile. Il comprend aussi les œuvres de prévoyance, mais avec certaines restrictions destinées à limiter l'étendue de la publication.

Ainsi, il présente une situation complète pour les sociétés coopératives de consommation, de construction et pour les caisses d'épargne. Quant aux institutions de patronage et aux sociétés de secours mutuels et de retraite, leur nombre était trop considérable pour qu'on pût songer à les mentionner toutes. Aussi s'est-on borné à donner, pour chacun de ces groupes distincts, les chiffres d'ensemble afférents au département, et de consacrer une inscription nominative exclusivement à celles de ces institutions qui ont été récompensées à l'une des Expositions d'économie sociale de Paris en 1889, de Lyon en 1894, et de Bordeaux en 1895.

On n'a pas cru devoir admettre non plus, dans le cadre du tableau, même à l'état de simple rappel, — malgré leur intérêt considérable à d'autres points de vue, — les sociétés coopératives de crédit ou de production, et les syndicats agricoles, qui n'ont pas semblé se rattacher d'une façon assez directe à l'objet de l'enquête.

Les œuvres sont classées par arrondissement (1). Chacune d'elles est accompagnée d'une notice très condensée qui la définit par ses traits essentiels. Elle ne constitue ni une recommandation, ni un jugement, mais un simple renseignement de fait, tel qu'il a été fourni par l'enquête.

Malgré le soin extrême avec lequel ces tableaux ont été dressés et revisés, il est inévitable qu'ils contiennent quelques erreurs. Aussi leurs rédacteurs font-ils appel aux critiques du public pour les améliorer, en vue d'une édition ultérieure.

(1) Les arrondissements sont séparés par le signe ∾∾∾

La publication de la *France charitable et prévoyante*, donnant le tableau des Œuvres et Institutions des départements, sera complète en 90 fascicules environ, paraissant chaque semaine.

Prix du Fascicule : **50** cent.

Prix de la souscription a l'Ouvrage complet : **35** fr.

Les fascicules seront envoyés *franco de port* aux souscripteurs, au fur et à mesure de leur mise en vente.

Le tableau des *Œuvres et Institutions de Paris et du département de la Seine* fera l'objet d'une publication séparée dont le prix sera fixé ultérieurement.

TABLEAU

DES

ŒUVRES ET INSTITUTIONS

DU

RHÔNE [1]

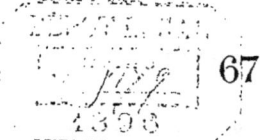

I

ENFANCE ET ADOLESCENCE

ŒUVRES DE MATERNITÉ

Hospice de la Charité, à Lyon. — Fondé en 1533. — Desservi par les *Religieuses hospitalières* (de Lyon). — Reçoit gratuitement, dans la dernière quinzaine de leur grossesse, des femmes mariées ou des filles mères indigentes domiciliées dans la ville; moyennant une indemnité de 2 francs par jour celles qui sont étrangères à Lyon.

Hôpital de la Croix-Rousse, à Lyon. (Voir, plus loin, *Hôpitaux et hospices*.) — Reçoit, vers la fin de leur grossesse, les femmes mariées indigentes des paroisses Saint-Augustin, Saint-Bernard, Saint-Bruno, Saint-Denis, Saint-Eucher et du Bon-Pasteur; moyennant une indemnité de 2 francs par jour celles qui ne produisent pas un certificat d'indigence.

Hôtel-Dieu de Lyon. (Voir, plus loin, *Hôpitaux et hospices*.) — Reçoit, vers la fin de leur grossesse, des femmes mariées habitant Lyon, mais sans conditions d'origine, les indigentes gratuitement, les autres moyennant 2 francs par jour.

Société de charité maternelle, à Lyon. — Fondée en 1786. — *Reconnue établ. d'util. publ.* en 1846. — Dirigée par deux comités, l'un pour les catholiques,

---

[1] Voir, pour plus de détails sur les œuvres lyonnaises, le *Manuel des œuvres de Lyon*. Lyon, 1893, imprimerie A. Waltener et Cie.

l'autre pour les protestants. — Assiste, au moment de leurs couches, les femmes mariées indigentes et leurs enfants nouveau-nés. S'occupe de préférence des femmes devenues veuves pendant leur grossesse ou dont le mari est infirme, ayant au moins un enfant vivant, et de celles qui, infirmes elles-mêmes, ont deux enfants vivants outre le nouveau-né.

Société protectrice de l'Enfance, à Lyon (13, rue Sébastien Gryphe). — Fondé en 1866. — *Reconnu établ. d'util. publ.* en 1873. — Dirigée par un comité. — Encourage, par des secours, l'allaitement maternel; fonde ou entretient des crèches, surveille les enfants à Lyon ou dans les communes où ils sont envoyés, ainsi que leurs nourrices; récompense les mères et les nourrices les plus méritantes. — A obtenu une *Médaille d'or* à l'Exposition d'économie sociale de Lyon (1894).

Société d'encouragement au nourrissage maternel, à Lyon. — Association de dames ayant le même objet que la précédente.

Œuvre protestante des layettes, à Lyon. — Fournit des layettes aux mères indigentes sur le point d'accoucher.

CRÈCHES

Crèches de la Société protectrice de l'enfance, à Lyon. — Dirigées par des laïques : *Crèche de Perrache* (12 berceaux), — *Crèche de Sainte-Blandine* (10 berceaux), — *Crèche de la Guillotière* (10 berceaux), — *Crèche de la Croix-Rousse* (12 berceaux), — *Crèche de Saint-Georges* (14 berceaux), — *Crèche de Vaise* (10 berceaux), — *Crèche des Brotteaux* (14 berceaux).

Crèche de Saint-Bernard, à Lyon (69, boulevard de la Croix-Rousse). — Dirigée par les *Sœurs de Saint-Joseph*. — 42 berceaux.

Crèche de Saint-Paul, à Lyon (83, quai Pierre Scize). — Dirigée par les *Sœurs de Saint-Vincent de Paul*. — 25 berceaux.

Établissement de bienfaisance, à Lyon (17, rue des Macchabées). — Fondé en 1775. — Dirigé par les *Sœurs de Saint-Charles*. — Reçoit les jeunes enfants que leurs parents sont obligés d'abandonner pendant leur travail.

ÉCOLES MATERNELLES (ou SALLES D'ASILE)

182 écoles maternelles dans le département. 72 publiques, dont 64 dirigées par des laïques et 8 par des religieuses; 110 privées, dont 12 dirigées par des laïques et 98 par des religieuses.

Écoles maternelles publiques dirigées par des laïques, à :

Lyon. Au nombre de 36 : — 2, rue Tables-Claudiennes; — 10, montée des Carmélites; — 1, rue Mercière; — 44, rue Sala; — 21, rue Jarente; — 33, cours Charlemagne; — 8, place des Jacobins; — 7, rue Gilibert; — 126, grande rue Guillotière; — 59, rue Part-Dieu; — 2, rue de l'Humilité; — 11, rue des Trois-

RHONE

Pierres ; — 5, rue de l'Ordre ; — 8, cours Lafayette ; — 248, avenue de Saxe ; — 14, chemin Saint-Gilbert ; — 9, chemin du Pré-Gaudry ; — 23, avenue des Ponts ; — 119, route de Vienne ; — 184, route d'Hérieu ; — 169, boulevard de la Croix-Rousse ; — 80, boulevard de la Croix-Rousse ; — 2, place du Commandant Arnaud ; — 28, rue de Dijon ; — 46, rue Saint-Jean ; — 25, rue des Docks ; — 15, chemin de la Favorite ; — 4, montée des Carmes déchaussés ; — 48, quai Pierre Scize ; — 17, quai Jayr ; — 26, rue Saint-Pierre de Vaise ; — 87, rue Bossuet ; — 135, rue de Créqui ; — 23, rue Montgolfier ; — 53, rue de la Charité ; — rue Jacquard ; — 41, rue Saint-Georges ; — 142, rue Mazenod ; — 45, cours Honoré.

Givors (trois), — **Grigny**, — **Saint-Genis-Laval**, — **Oullins**, — **la Mulatière**, — **Pierre-Bénite**, — **Craponne**, — **Francheville**, — **Tassin-la-Demi-Lune**, — **Villeurbanne**, — **les Charpennes**, — **la Cité**, — **Venissieux**, — **Amplepuis**. — **Neuville-sur-Saône**, — **Caluire et Cuire**, — **Villefranche** (trois), — **Thizy**, — **Cours**, — **Condrieu**, — **Villeurbanne** (trois).

Belleville. — Dirigée par les *Sœurs Franciscaines de la Propagation de la Foi*.
Denicé. — Dirigée par les *Sœurs de Saint-Joseph*.
Tarare. — Dirigée par les *Sœurs de Saint-Charles*.
Bourg de Thizy. — Dirigée par les *Sœurs de l'Enfant-Jésus*.
Mornant. — Dirigée par les *Sœurs de Saint-Charles*.
Irigny. — Dirigée par les *Sœurs de Saint-Joseph*.
Oullins. — *Id*.
Vernaison. — *Id*.

Écoles maternelles privées, à Lyon :

59, rue Saint-Vincent. — Dirigée par les *Sœurs de Saint-Charles*.
40, rue de l'Arbre-Sec. — Dirigée par les *Sœurs de Saint-Joseph*.
17, rue François d'Assise. — Dirigée par les *Sœurs de Saint-François d'Assise*.
28, rue des Chartreux. — Dirigée par les *Sœurs de Saint-Charles*.
11, rue Smith. — *Id*.
62, rue de la Charité. — Dirigée par les *Sœurs de Saint-Vincent de Paul*.
12, rue Vaubecour. — Dirigée par les *Sœurs de Saint-Joseph*.
5, rue Boissac. — *Id*.
30, quai Saint-Antoine. — Dirigée par les *Sœurs de Saint-François d'Assise*.
50, rue Mercière. — Dirigée par les *Sœurs de Saint-Charles*.
15, rue de la Vigilance. — Dirigée par les *Sœurs de Saint-Joseph*.
95, rue Montesquieu. — Dirigée par les *Sœurs de Saint-Charles*.
11, rue Montesquieu. — *Id*.
17, rue Étienne Dolet. — *Id*.
46, rue Servient. — *Id*.
26, rue de Dijon. — *Id*.
6, rue d'Ivry. — *Id*.
Place de Serin. — *Id*.
10, rue Grataloup. — *Id*.
7, rue Hénon. — *Id*.
5, rue de la Claire. — *Id*.
6, rue des Tuileries. — *Id*.
7, montée du Chemin neuf. — Dirigée par les *Sœurs de Saint-Joseph*.
78, rue Saint-Georges. — Dirigée par les *Sœurs de Saint-Charles*.

RHONE — 4 —

3, rue des Anges. — Dirigée par les *Sœurs de Saint-Charles*.
22, rue Farges. — *Id.*
103, route de Vienne. — Dirigée par les *Sœurs de Saint-Vincent de Paul*.
11, place Saint-Pothin. — Dirigée par les *Sœurs de Saint-Charles*.
71, rue Créqui. — Dirigée par les *Sœurs de Saint-François d'Assise*.
84, rue Vauban. — Dirigée par les *Sœurs de Saint-Charles*.
35, rue Montbernard. — Dirigée par les *Sœurs de Saint-Vincent de Paul*.
10, rue Lanterne. — Direction laïque.
11, rue d'Enghien. — *Id.*
42, rue Franklin. — *Id.*
7, place des Jacobins. — *Id.*
5, rue Raymond. — *Id.*
10, rue basse du Fort-au-Bois. — *Id.*
6, cours de la Liberté. — *Id.*
46, rue Louis. — Dirigée par les *Sœurs de Saint-Charles*.
239, rue Paul Bert. — *Id.*
26, rue de la Villardière. — *Id.*
122, rue Sébastien Gryphe. — *Id.*
18, rue Moncey. — Direction laïque.
157, rue Boileau. — *Id.*
6, quai de la Guillotière. — Dirigée par les *Sœurs de Saint-François d'Assise*.
Chazay. — Dirigée par les *Sœurs de Saint-Charles*.
Morancé. — Dirigée par les *Sœurs de Saint-Joseph*.
Pommiers. — *Id.*
Beaujeu. — Dirigée par les *Sœurs de Saint-Charles*.
Chenas. — Dirigée par les *Sœurs de l'Enfant-Jésus*.
Chiroubles. — Dirigée par les *Sœurs de Saint-Joseph*.
Fleurie. — Dirigée par les *Sœurs de Saint-Charles*.
Jullié. — Dirigée par les *Sœurs de la Croix de Jésus* (de Groissiat).
Marchampt. — Dirigée par les *Sœurs de Saint-Joseph*.
Saint-Georges de Reinens. — *Id.*
Lamure. — Dirigée par les *Sœurs de la Croix de Jésus* (de Groissiat).
Poule. — Dirigée par les *Sœurs de l'Enfant-Jésus*.
Neuville. — Dirigée par les *Sœurs de Saint-Charles*.
Caluire et Cuire. — *Id.*
Saint-Germain-au-Mont-d'Or. — *Id.*
Couzon. — *Id.*
Villefranche (boulevard Gambetta). — *Id.*
— (7, rue Rolland). — Direction laïque.
Vaux. — Dirigée par les *Sœurs de l'Enfant-Jésus*.
Amplepuis. — Dirigée par les *Sœurs de Saint-Charles*.
Cublize. — Dirigée par les *Sœurs de Saint-Joseph*.
L'Arbresle. — *Id.*
Bessenay. — *Id.*
Bally. — *Id.*
Saint-Bel. — *Id.*
Saint-Pierre-la-Palud. — *Id.*
Theizé. — *Id.*
Saint-Laurent de Chamousset. — *Id.*
Chambost. — *Id.*
Sainte-Foy-l'Argentière. — *Id.*

Saint-Symphorien-sur-Coise. — Dirigée par les *Sœurs de Saint-Charles.*
Tarare. — Dirigée par les *Sœurs de Saint-Joseph.*
Pontcharra. — Dirigée par les *Sœurs de Saint-Charles.*
Thizy. — *Id.*
Cours. — *Id.*
Condrieu. — Dirigée par les *Sœurs du Saint-Sacrement.*
Ampuis. — Dirigée par les *Sœurs de Saint-Charles.*
Givors (rue des Écoles). — Dirigée par les *Sœurs de Saint-Joseph.*
La Freidière (rue Victor-Hugo). — *Id.*
Grigny. — Dirigée par les *Sœurs de Saint-Charles.*
Limonest. — Dirigée par les *Sœurs de Saint-Joseph.*
Chasselay. — Dirigée par les *Sœurs de Saint-Charles.*
Écully. — *Id.*
Saint-Rambert-l'Isle-Barbe. — *Id.*
Orlienas. — Dirigée par les *Sœurs de la Sainte-Famille.*
Saint-Laurent d'Agny. — Dirigée par les *Sœurs de Saint-Charles.*
Talecyers. — *Id.*
Brignais. — *Id.*
La Mulatière. — *Id.*
Oullins. — Dirigée par les *Sœurs de Saint-Joseph.*
Sainte-Foy-lez-Lyon. — Dirigée par les *Sœurs de Saint-Charles.*
Vaugneray. — Dirigée par les *Sœurs de Saint-Joseph.*
Brindas. — Dirigée par les *Sœurs de Saint-Charles.*
Francheville. — Dirigée par les *Sœurs de Saint-Joseph.*
Grezieu-la-Varenne. — Dirigée par les *Sœurs de Saint-François d'Assise.*
Villeurbanne (cours Vilton). — Direction laïque.
— (place de la Mairie). — Dirigée par les *Sœurs de la Providence.*
Saint-Fons. — Dirigée par les *Sœurs de l'Enfant-Jésus.*
Vaux en Velin. — Dirigée par les *Sœurs de Saint-Joseph.*

MAISONS SPÉCIALES POUR ENFANTS MALADES

Hospice d'incurables, à Saint-Alban (près Lyon). — Fondé en 1852. — *Reconnu établ. d'util. publ.* en 1875. — Dirigé par un comité. — Desservi par les *Sœurs de Saint-Vincent de Paul.* — Reçoit gratuitement des garçons incurables âgés de moins de 16 ans, domiciliés sur la paroisse de Saint-Nizier (de Lyon). — 110 lits.

Hospice de la Charité, à Lyon. (Voir, plus haut, *Œuvres de maternité.*) — Reçoit des enfants malades ou blessés, non incurables, âgés de moins de 15 ans.

Hospice de l'Antiquaille, à Lyon. (Voir, plus loin, *Hôpitaux et hospices.*) — Reçoit des enfants teigneux, dartreux ou herpétiques des deux sexes, les enfants indigents de Lyon gratuitement, ceux des autres communes du Rhône moyennant une pension de 1 fr. 50 par jour, ceux des autres départements moyennant une pension de 1 fr. 75 (qui, en certains cas, peut être réduite). — 20 lits pour garçons, 37 pour filles.

Hôpital Renée Sabran, à Giens, par Hyères (Var). — Fondé en 1888 par M. H. Sabran. Dépendant de l'administration des hospices civils de Lyon. —

Desservi, sous sa surveillance, par les *Sœurs hospitalières des hôpitaux de Lyon*.
— Reçoit, de 4 à 12 ans, des garçons et, de 4 à 16 ans, des filles ayant besoin du traitement marin, ceux dont les parents, indigents, sont domiciliés depuis un an au moins à Lyon, gratuitement, les autres moyennant une pension de 2 francs par jour. Les garde pendant 4 mois (sauf prolongation pour des cas exceptionnels). — 100 lits. (Un nouveau bâtiment en construction en contiendra 50 de plus.)

ÉCOLES D'AVEUGLES

Société d'assistance et de patronage pour les sourds-muets et les aveugles, à Lyon (77, rue des Maisons Neuves). — Fondée en 1883. — Assiste de toute façon les jeunes sourds-muets et aveugles du département, facilite leur éducation et leur apprentissage. Patronne particulièrement l'établissement suivant. — A obtenu une *Médaille d'or* à l'Exposition d'économie sociale de Lyon (1894).

Institution de jeunes aveugles, à Lyon (77, rue des Maisons Neuves). — Fondée en 1872 par M. Hugentoble. — Reçoit, entre 8 et 13 ans, des aveugles des deux sexes, moyennant une pension de 600 francs pour les boursiers des communes et des départements; moyennant une pension variable, à fixer de gré à gré, pour les autres.

Institution des jeunes filles aveugles, à Lyon (49, route de Saint-Cyr). — Fondée en 1879. — Dirigée par les *Sœurs de Marie Immaculée* (de Marseille). — Reçoit, à partir de 5 ans, des jeunes filles aveugles, moyennant une pension variant de 300 à 500 francs et 300 francs d'entrée.

ÉCOLES DE SOURDS-MUETS

Institution de sourds-muets, à Lyon (77, rue des Maisons Neuves). — Voir, ci-dessus, *Aveugles*, même maison, mêmes conditions, sauf que la pension est de 500 francs au lieu de 600.

Institution Forestier, à Lyon (montée de Balmont). — Fondée en 1824 par M. Combery. — Dirigée par un ecclésiastique. — Reçoit, entre 8 et 15 ans, des sourds-muets des deux sexes, les uns comme boursiers du département, les autres moyennant une pension annuelle de 600 francs. — Leur apprend divers métiers.

ENFANTS ASSISTÉS

Au 1er janvier 1893, 16 enfants assistés du Rhône étaient dans un hospice ; — 3,132 étaient placés à la campagne ; — 2,109 secourus à domicile.

ORPHELINAT DE GARÇONS ET DE FILLES

Hospice de la Charité, à Lyon. (Voir, plus haut, *OEuvres de maternité*.) — Reçoit des enfants trouvés, abandonnés ou orphelins du département.

ORPHELINATS DE GARÇONS

Providence Caille, à Lyon (9, montée des Anges). — Fondée en 1891, en exécution d'un legs de l'abbé Caille. — *Reconnue établ. d'util. publ.* en 1852. — Dirigée par les *Petits Frères de Marie*, sous la surveillance d'un comité. — Reçoit gratuitement de jeunes garçons catholiques domiciliés à Lyon ou dans ses faubourgs; d'autres, par exception, moyennant une pension annuelle de 300 francs et 100 francs d'entrée.

Providence de Saint-Nizier, à Calluire, près Lyon (86, rue de Cuire). — Fondée en 1839. — *Autorisée*. — Dirigée par les *Sœurs Franciscaines*. — Reçoit gratuitement, entre 4 ans et demi et 6 ans et demi, des orphelins domiciliés sur la paroisse et les garde jusqu'à 13 ans.

Providence des jeunes orphelins de la ville de Lyon (43, rue Coste). — Fondée en 1825 par Mme Denuzière. — *Reconnue établ. d'util. publ.* en 1834. — Dirigée par les *Frères Maristes*. — Reçoit dès 5 ans des orphelins indigents de la ville et les garde jusqu'à 15 ans. — 60 places.

Providence de la Conférence de Saint-Vincent de Paul, à Oullins. — Dirigée par les *Sœurs de Saint-Vincent de Paul*. — Reçoit, à 5 ans, des orphelins dont les parents étaient secourus par la Société; les garde jusqu'à 13 ans et les place en apprentissage.

ORPHELINATS DE FILLES

Orphelinats des paroisses, à Lyon, recevant gratuitement, vers 4 ou 5 ans, des filles légitimes orphelines et catholiques de la paroisse et les gardant jusqu'à 18 ou 21 ans : Orphelinat de la paroisse Saint-Jean. Dirigé par les *Sœurs de Saint-Vincent de Paul*. — Orphelinat de la paroisse Saint-Georges. Dirigé par les *Sœurs de Saint-Vincent de Paul*. — Orphelinat de la paroisse Saint-Bonaventure. Dirigé par les *Sœurs de Saint-Vincent de Paul*. — Orphelinat de la paroisse Sainte-Croix. Dirigé par les *Sœurs de Saint-Vincent de Paul*. — Orphelinat de la paroisse d'Ainay. Dirigé par les *Sœurs de Saint-Vincent de Paul*. — Orphelinat de la paroisse Saint-François. Dirigé par les *Sœurs de Saint-Joseph*. — Orphelinat de la paroisse de la Rédemption. Dirigé par les *Sœurs de Saint-Vincent de Paul*. — Orphelinat de la paroisse Saint-Louis. Dirigé par les *Sœurs de Saint-Vincent de Paul*. — Orphelinat de la paroisse Saint-Pierre. Dirigé par les *Sœurs de Saint-Joseph*. — Orphelinat de la paroisse Saint-Polycarpe. Dirigé par les *Sœurs de Saint-Joseph*. — Orphelinat de la paroisse Saint-Bruno. Dirigé par les *Sœurs de Saint-Joseph*. — Orphelinat de la paroisse Saint-Louis de la Guillotière. Dirigé par les *Sœurs de Saint-Joseph*. — Orphelinat de la paroisse Sainte-Blandine. Dirigé par les *Sœurs de Saint-Charles*.

Orphelinat du Sacré-Cœur, à Lyon (69, rue de l'Enfance). — Fondé en 1859. — *Reconnu établ. d'util. publ.* — Dirigé par les *Dames de l'Adoration perpétuelle du Sacré-Cœur*. — Reçoit des filles entre 6 et 10 ans et les garde jusqu'à 21 ans, les plus indigentes gratuitement, les autres moyennant une pension annuelle de 180 francs ou une somme de 600 à 700 francs une fois donnée. — 40 places.

Providence des cinq Plaies, à Lyon (67, rue de l'Enfance). — Fondée en 1857. — Dirigée par les *Chanoinesses régulières du Saint-Sauveur*. — Reçoit des filles entre 4 et 7 ans et les garde jusqu'à 21 ans, celles de la ville gratuitement, les autres moyennant une pension annuelle de 180 francs, plus un trousseau. — 40 places.

Œuvre des Messieurs, à Lyon (16, rue Bourgelat). — Fondée en 1773. — Dirigée par les *Sœurs de Saint-Vincent de Paul*. — Reçoit des filles légitimes catholiques orphelines, celles de la ville gratuitement, les autres moyennant la somme une fois donnée de 600 francs.

Providence de la Marmite, à Lyon. — Dirigée par les *Sœurs de Saint-Vincent de Paul*. — Reçoit gratuitement des petites filles orphelines, sur la présentation d'une dame faisant partie de l'œuvre.

Providence Saint-Joseph, à Lyon (1, rue du Juge de paix). — Fondée en 1845. — Dirigée par les *Sœurs de Saint-Joseph*. — Reçoit gratuitement des filles de Lyon et les garde jusqu'à 21 ans. — 50 places.

Orphelinat de Notre-Dame des Missions, à Lyon (14, chemin de Montauban). — Fondé en 1865. — Dirigé par les *Religieuses de Notre-Dame des Missions*. — Reçoit des filles orphelines dès 4 ans, moyennant une somme une fois donnée de 300 à 500 francs; les place en apprentissage à 13 ou 14 ans.

Providence des Religieuses Trinitaires, à Lyon (21, rue Boni). — Fondée en 1804. — *Reconnue établ. d'util. publ.* en 1817. — Dirigée par les *Religieuses Trinitaires*. — Est spécialement, mais non exclusivement, destinée aux filles naturelles; les reçoit entre 7 et 9 ans, les garde jusqu'à 21 ans, moyennant une pension annuelle de 200 francs ou la somme une fois donnée de 700 francs. — 90 places.

Orphelinat du Refuge de la Solitude, à Lyon. (Voir, plus loin, *Œuvres de préservation*.) — Reçoit, à partir de 14 ans, des filles orphelines ou abandonnées, moyennant une pension variable, à fixer de gré à gré.

Orphelinat du Refuge Saint-Michel, à Lyon. (Voir, plus loin, *Œuvres de préservation*.) — Reçoit des filles orphelines entre 4 et 5 ans et les garde jusqu'à 21 ans, les plus indigentes domiciliées dans le Rhône, gratuitement; les autres moyennant une pension à fixer de gré à gré.

Orphelinat des jeunes filles alsaciennes et lorraines, à Lyon (10, rue d'Auvergne). — Fondé en 1871 par Mlle Gagny. — Dirigé par la fondatrice. — Reçoit gratuitement des orphelines de parents alsaciens et lorrains, et, en outre, des filles orphelines de Lyon ou de la banlieue âgées de moins de 7 ans.

Société des orphelines protestantes, à Lyon (265, rue Paul Bert). — Fondée en 1817. — Dirigée par un comité de dames. — Reçoit gratuitement des filles protestantes pendant la durée de leur apprentissage. — 12 places.

Providence de Notre-Dame de Fourvières, à Lyon (17, rue du Juge de paix). — Fondée en 1845. — Dirigée par les *Sœurs de Notre-Dame de Fourvières*. — Reçoit des filles orphelines catholiques de la ville. — 25 places.

Orphelinat de Bethléhem, à Lyon (10, montée des Carmes). — Fondé en 1872. — Dirigé par les *Sœurs de Saint-Joseph de la Sainte-Famille*. — Reçoit des filles légitimes et catholiques orphelines, les plus indigentes gratuitement, les autres moyennant une pension de 10 francs par mois. — 35 places.

Œuvre de Sainte-Anne, à Lyon. — Fondée en 1870. — Dirigée par Mlle Chauve. — Reçoit des filles de tout âge, moyennant la somme une fois donnée de 200 francs, gratuitement si elles ont plus de 12 ans, et les garde jusqu'à 18 ans. — A obtenu deux prix Montyon.

Orphelinat Saint-Benoît, à Cuire, près Lyon (chemin de la Caille). — Fondé en 1848. — Dirigé par les *Religieuses Bénédictines du Très Saint Cœur de Marie*. — Reçoit des filles à 7 ans et les garde jusqu'à 21 ans, celles de la commune gratuitement, les autres moyennant une pension de 15 francs par mois.

Orphelinat de la Sainte-Famille, à Cuire (1, montée des Forts). — Dirigé par les *Sœurs de la Sainte-Famille*. — Reçoit des filles à 4 ans et les garde jusqu'à 21 ans, les plus indigentes gratuitement, les autres moyennant une pension annuelle de 200 francs.

Orphelinat des Sœurs Franciscaines, à Cuire (12, montée des Forts). — Dirigée par les *Sœurs Franciscaines* (de Calais). — Reçoit des filles de 3 ans et les garde jusqu'à 21 ans, celles de la commune gratuitement, celles de Lyon moyennant la somme une fois donnée de 300 francs, les autres moyennant une pension annuelle de 180 francs.

Providence de Buers, à Villeurbanne, près Lyon (8, chemin des Buers). — Fondée en 1860. — Dirigée par les *Sœurs Franciscaines du Sacré-Cœur*. — Reçoit gratuitement (sauf une entrée variable), depuis 5 ans, des filles orphelines et indigentes, et les garde jusqu'à 21 ans (engagement à prendre, dédit de 300 francs à payer, en cas de sortie anticipée).

Orphelinat de Sainte-Foy-lez-Lyon. — Dirigé par les *Sœurs de Notre-Dame*. — Reçoit des filles orphelines, les plus indigentes gratuitement, les autres moyennant une pension annuelle de 240 francs ou la somme une fois donnée de 500 francs.

Orphelinat des jeunes filles alsaciennes et lorraines, à Oullins. (Succursale de la maison de Lyon.) — Reçoit gratuitement, dès 2 ans, des filles légitimes orphelines d'origine alsacienne ou lorraine et d'autres domiciliées dans la ville ou la banlieue de Lyon.

Orphelinat de Saint-Sorlin. — Dirigé par les *Petites Sœurs de Jésus Franciscaines*. — Reçoit des filles entre 3 et 7 ans et les garde jusqu'à 15 ans, moyennant 100 francs d'entrée et un trousseau. Les place et les surveille jusqu'à 21 ans. — 150 places.

Orphelinat Saint-Louis, à Vernaison. — Dirigé par les *Religieuses Dominicaines*. — Reçoit des filles depuis 5 ans et les garde jusqu'à 21 ans, moyennant une pension de 100 francs payée jusqu'à 13 ans et 100 francs d'entrée.

Maison de la Providence, à Tarare. — Fondée par l'abbé Ménaide. — Dirigée par les *Sœurs de Saint-Joseph* (de Lyon). — Reçoit des filles à 6 ans et les garde jusqu'à 21 ans, celles de la ville gratuitement, les autres (admises par exception) moyennant une pension à fixer de gré à gré.

Orphelinat de Villefranche. — Dirigé par les *Sœurs de Saint-Charles*. — Reçoit des petites filles légitimes de 6 à 8 ans, habitant Villefranche ou les environs immédiats.

Orphelinat-ouvroir de Villefranche. — Dirigé par les *Sœurs de Saint-Joseph*. — Admet les orphelines légitimes ou non, catholiques, moyennant une faible somme pour l'admission; des jeunes filles non orphelines peuvent y être admises pour y faire leur apprentissage.

Orphelinat de Condrieu. — Dirigé par les *Religieuses Franciscaines*. — Reçoit gratuitement, de 4 à 7 ans, des filles catholiques, sans conditions de domicile.

Société des jeunes économes, à Lyon. — Fondée en 1807. — Reçoit, depuis 5 ans, des orphelines, moyennant la somme une fois donnée de 300 francs et pourvoit à leur entretien, en les plaçant dans un orphelinat.

Société de patronage pour les enfants abandonnés, à Lyon. — Fondée en 1830. — *Reconnue établ. d'util. publ.* en 1836. — Patronne, dès le premier âge jusqu'à 13 ans, des enfants orphelins, semi-orphelins ou moralement abandonnés; les place à ses frais chez des cultivateurs.

APPRENTISSAGE

École municipale de tissage, à Lyon. — Comptait, au 1ᵉʳ janvier 1894, 310 élèves.

Atelier d'apprentissage, à Lyon (13, rue Crémieu). — Fondé en 1882 par M. l'abbé Boisard et dirigé par lui. — Reçoit des garçons entre 13 et 15 ans et les garde pendant cinq ans (engagement à prendre), moyennant la somme une fois donnée de 250 francs. Leur apprend les métiers de menuisier, d'ébéniste, de serrurier ou de cordonnier. Au bout de deux ans, rétribue leur travail, dont le salaire accumulé (pouvant former un pécule de 1,000 à 1,500 francs) leur est remis à la sortie. — 30 places.

École professionnelle de Saint-Jean, à Lyon (8, rue du Doyenné). — Fondée en 1887. — Dirigée par les *Sœurs de Saint-Vincent de Paul*. — Reçoit des jeunes filles à partir de 12 ans et les garde jusqu'à 18 ans, soit comme internes, moyennant une pension de 15 à 25 francs par mois, soit comme externes, moyennant une pension de 5 francs par mois. Les place comme femmes de chambre. — 12 places d'internes.

Orphelinat industriel de Tarare. — Fondé en 1855. — Dirigé par les *Sœurs de Saint-Joseph*, sous la surveillance du directeur de la manufacture de peluches, G.-B. Martin, de Tarare. — Reçoit à 13 ans gratuitement (sauf un trousseau à fournir) des jeunes filles de bonne conduite et de bonne santé, ayant reçu l'instruction élémentaire, et les garde jusqu'à 18 ans (engagement à prendre, dédit de 100 francs à payer en cas de sortie anticipée). Leur apprend le moulinage, le dévidage et l'ourdissage de la soie.

OEUVRES DE PRÉSERVATION ET DE RÉHABILITATION

Refuge du Bon-Pasteur, à Lyon (69, chemin du Pont d'Alai). — Fondé en 1839. — Reçoit gratuitement, à partir de 13 ans, des filles exposées, et les garde jusqu'à 21 ans (engagement à prendre). Leur apprend divers travaux et les place selon leurs aptitudes. — 150 places.

Refuge du Bon-Pasteur, à Écully (près Lyon). — Fondé en 1867. — Dirigé par les *Sœurs du Bon-Pasteur*. — Reçoit gratuitement, à 13 ans, des filles s'engageant formellement à rester jusqu'à 21 ans, les autres moyennant une pension modique à fixer de gré à gré. — 120 places.

Refuge de Notre-Dame de Compassion, à Lyon (8, rue de l'Antiquaille). — Fondé en 1838. — *Reconnu établ. d'util. publ.* en 1856. — Dirigé par les *Religieuses de Sainte-Élisabeth*. — Reçoit de 14 à 25 ans, sans âge fixé pour la sortie, des jeunes filles *exposées*, dans une classe de *préservation*, et des jeunes filles *égarées* dans une classe de *pénitentes*, soit gratuitement, soit moyennant une pension à fixer de gré à gré. — 120 places.

Maison de la Solitude, à Lyon (chemin de Montauban). — Fondée en 1821. — Dirigée par les *Sœurs de Saint-Joseph*. — Même objet, mêmes conditions et mêmes divisions que la précédente. — 75 places.

Providence du Prado, à Lyon. — Fondée en 1861 par l'abbé Chevrier. — Reçoit dans deux maisons distinctes (75, rue Sébastien Gryphe, pour les garçons, 14, rue Dumoulin, pour les filles) des apprentis et apprenties sans famille, les nourrit et cherche à les placer convenablement.

Œuvre des Blandines, à Lyon (10, rue Tramassac). — Fondée en 1838. — Dirigée par les *Sœurs de Saint-Charles*. — Recueille des servantes recommandables sans place moyennant 0 fr. 50 par jour (la nourriture se payant à part, à un prix variable, mais modique); les aide à se placer.

Asile pour les domestiques et les ouvrières protestantes, à Lyon (61, rue Garibaldi). — Fondé en 1872. — Dirigé par une diaconesse. — Recueille des servantes sans place ou des ouvrières sans famille, du culte réformé, moyennant une pension de 1 fr. 25 par jour.

Œuvre de Marie Auxiliatrice, à Lyon (5, rue Bossuet, et 23, rue de l'Orangerie). — Dirigée par les *Religieuses de Marie Auxiliatrice*. — Loge, moyennant une pension fort modique, les jeunes ouvrières dont la famille n'habite pas la ville. A organisé entre elles une société de secours mutuels; recueille les sociétaires en cas de maladie ou de chômage.

La Famille, à Lyon (12, rue de la Bourse). — Œuvre fondée en 1844. — Société de jeunes gens admis entre 16 et 20 ans et de jeunes filles admises entre 15 et 19 ans, payant une cotisation de 1 franc par mois. — A pour but de leur faciliter le mariage, en aidant les nouveaux époux à se procurer un mobilier et un trousseau.

PATRONAGES DE GARÇONS ET DE FILLES

Œuvre des maisons de patronage pour les apprentis, à Lyon (secrétariat, 5, place Sathonay). — Fondée en 1860. — Procure le placement en atelier des enfants sortis de l'école; leur fournit des lieux de réunion. 2 maisons : — 1, rue des Chartreux ; 13, rue de Crémieux.

Société de patronage pour les enfants pauvres de la ville de Lyon et de ses faubourgs, à Lyon (16, rue Romarin). — Fondée en 1840. — *Reconnue étabi. d'util. publ.* en 1850. — Recueille, entre 7 et 8 ans, des enfants des deux sexes matériellement ou moralement abandonnés, confie chacun d'eux au patronage spécial d'un membre de la Société ; les place, selon leur âge, dans les salles d'asile, des écoles ou en apprentissage, leur fournit un trousseau et pourvoit aux frais de leurs maladies. — A obtenu une *Médaille d'or* à l'Exposition d'économie sociale de Lyon (1894).

Société lyonnaise pour le sauvetage de l'enfance, à Lyon (12, rue Gasparin). — Fondée en 1890. — Recueille, entre 7 et 12 ans, les enfants des deux sexes désignés par la loi du 24 juillet 1889 *comme moralement abandonnés;* place les enfants vicieux à l'école de *Brignais* (voir, plus loin, *Établissements de correction*), les autres chez des cultivateurs ou en apprentissage dans l'industrie. — A obtenu un *Grand Prix* à l'Exposition d'économie sociale de Lyon (1894).

Œuvre des forains, à Lyon (11, rue Sainte-Hélène). — Fondée par M. l'abbé Petit. — Régularise les unions illégitimes des forains, envoie leurs enfants à l'école et leur apprend le catéchisme.

Œuvre catholique d'adoption des enfants dans leur famille, à Lyon. — Fondée en 1889. — A pour but de veiller à la bonne éducation des enfants indigents dans leur famille. Confie chacun des enfants auxquels elle accorde son patronage, aux soins particuliers d'une dame faisant partie de l'œuvre, qui devient sa protectrice et peut disposer de 100 francs par an pour pourvoir à ses besoins.

PATRONAGES DE GARÇONS

Société de patronage pour les garçons, à Lyon (Temple de la place au Change). — Place les jeunes gens protestants indigents en apprentissage, les surveille et récompense les plus méritants par un livret de caisse d'épargne.

La Tutelle, à Lyon (à la Synagogue, quai Tilsitt). — Même objet pour les jeunes gens israélites.

PATRONAGES DE FILLES

Union internationale des amies de la jeune fille, à Lyon. — Association de dames ayant pour but de protéger les jeunes filles isolées ou exposées, de les ramener au bien où de les y maintenir.

Œuvre du patronage des jeunes filles, à Lyon. — Fondée en 1839 par deux ouvrières de la ville. — Dirigée par un ecclésiastique, avec l'assistance d'un comité de dames. — Recueille, entre 7 et 13 ans, des jeunes filles vicieuses, abandonnées ou exposées, les place à ses frais en apprentissage ou dans des refuges.

Société de patronage pour les jeunes filles, à Lyon. — Même objet pour les jeunes filles protestantes.

Société des demoiselles israélites, à Lyon. — Fondée en 1881. — Même objet pour les jeunes filles israélites. La Société accorde, en outre, un trousseau ou une petite dot à celles de ses pupilles qui se marient.

ÉTABLISSEMENTS DE CORRECTION

Quartier correctionnel, à Lyon. — Reçoit des garçons condamnés à la détention dans une maison de correction.

Refuge Saint-Michel, à Lyon (61, rue des Macchabées). — Dirigé par les *Dames de charité du Refuge*. — Reçoit, à partir de 13 ans, des filles vicieuses ou insoumises placées par leur famille, moyennant une pension variable à fixer de gré à gré.

Société de Saint-Joseph, à Lyon. — Fondée en 1835. — *Reconnue établ. d'util. publ.* en 1850. — Fait élever dans des maisons de refuge les garçons vicieux ou vagabonds de 9 à 16 ans qui lui sont confiés par leur famille ou par l'autorité. Cherche à les moraliser et leur fait apprendre un métier.

II

AGE ADULTE

INSTITUTIONS DE PRÉVOYANCE

ÉPARGNE

Caisse d'épargne de Lyon, *autorisée en 1822.*
Succursales à : *Saint-Genis-Laval* (1862), — *l'Arbresle* (1862), — *Neuville-sur-Saône* (1863), — *Vaugneray* (1863), — *Mornant* (1864), — *Saint-Laurent de Chamousset* (1866), — *Saint-Symphorien-sur-Coise* (1866), — *Oullins* (1871), — *Villeurbanne* (1071), — *Cours* (1874), — *Bessenay* (1876), — *Saint-Fons* (1877), — *Chaponost*

RHONE

(1878), — *Brignais* (1879), — *Soucieu* (1880), — *Ecully* (1881), — *Thurins* (1881), *Sainte-Foy-l'Argentière* (1884), — *Thizy* (1887), — *Saint-Bel* (1888), — *Fontaines-sur-Saône* (1884).

Caisse d'épargne d'Amplepuis, *autorisée* en 1858.
— — de la **Croix-Rousse**, *autorisée* en 1841.
— — de **Givors**, *autorisée* en 1845.
Succursales à : *Condrieu* (1866), — *Charly* (1891), — *Saint-Maurice* (1881).

Caisse d'épargne de Tarare, *autorisée* en 1842.
Succursale à *Pontcharra* (1891).

Caisse d'épargne de Villefranche, *autorisée* en 1834.
Succursales à : *Fleurie* (1861), — *Anse* (1862), — *Beaujeu* (1862), — *le Bois d'Oingt* (1865), — *Saint-Georges de Reneins* (1869), — *Belleville* (1879), — *Julliénas* (1881), — *Létra* (1881), — *Lozanne* (1881), — *Vaux-Perréon* (1881), — *Lamure* (1884), *Odenas* (1890), — *Garnioux* (1890).

Au 1er janvier 1894, ces diverses caisses comptaient ensemble 303,335 livrets. Les versements qui y avaient été effectués en 1893 s'élevaient à 39,608,499 francs.

Au 1er janvier 1893, il existait dans le département du Rhône 201 caisses d'épargne scolaires qui comptaient 9,759 livrets représentant la somme de 105,104 francs de dépôts.

25,329 dépôts, montant ensemble à 3,765,461 francs, ont en outre été faits en 1893 à la *Caisse nationale d'épargne* par des habitants du Rhône.

Une *Médaille d'or* à l'Exposition universelle de 1889 a été décernée à :
La Caisse d'épargne de Lyon.

Une *Mention honorable* à l'Exposition d'économie sociale de Lyon (1894) à :
La Société l'**Épargne de Lyon.**

La Fourmi, société en participation d'épargne, fondée en 1879 à Paris, ayant obtenu une *Médaille d'or* à l'Exposition de 1889 : agences à *Lyon* et *Chasselay*.

SECOURS MUTUEL

299 sociétés de secours mutuels *approuvées* dans le département (au 1er janvier 1893), comptant ensemble 8,877 membres honoraires, 35,267 membres participants, et possédant un avoir total de 10,050,627 francs.

36 sociétés *autorisées*, comptant 955 membres honoraires, 40,715 membres participants et possédant un avoir de 5,169,280 francs.

A été reconnue comme établissement d'utilité publique en 1850 :
La Société de secours mutuels des ouvriers en soie, à Lyon.

A l'Exposition universelle de 1889, une *Médaille d'or* a été décernée à :
La même société.

Des *Médailles d'argent* à :

La Société des employés en soieries ;
La 141ᵉ société de secours mutuels de Lyon.

A l'Exposition d'économie sociale de Lyon (1894), des *Médailles d'or* ont été décernées à :

La 183ᵉ société de secours mutuels de Lyon ;
La Société de secours mutuels des ouvriers en soie de Lyon ;
La 139ᵉ société de secours mutuels de Lyon.

Des *Médailles d'argent* à :

La 141ᵉ société de secours mutuels de Lyon ;
L'Association fraternelle des percepteurs et receveurs spéciaux de France, à Lyon ;
La 120ᵉ société de secours mutuels de Lyon (dite des *Crocheteurs réunis*) ;
La Société des anciens élèves de la Martinière, à Lyon ;
L'Union patriotique du Rhône, à Lyon ;
L'Assistance mutuelle lyonnaise.

Des *Médailles de bronze* à :

L'Union des agents de la Compagnie P.-L.-M., à Lyon ;
La 228ᵉ société de secours mutuels de Lyon ;
L'Union fraternelle des sous-agents des postes et télégraphes, à Lyon ;
La Société des engagés volontaires de 1870, à Lyon ;
La Société fraternelle des anciens mobiles du Rhône, à Lyon ;
La Tutélaire du IVᵉ arrondissement de Lyon ;
La Tutélaire du VIᵉ arrondissement de Lyon ;
La 12ᵉ société de secours mutuels de Lyon ;
La 58ᵉ société de secours mutuels de Lyon ;
La 90ᵉ société de secours mutuels de Lyon ;
La 101ᵉ société de secours mutuels de Lyon.

Des *Mentions honorables* à :

La Bienfaitrice, à Lyon ;
La Société Alsace-Lorraine, à Lyon ;
La 172ᵉ société de secours mutuels de Lyon (dite des *Travailleurs prévoyants*) ;
La Société de secours mutuels de Tassin-la-Demi-Lune.

A l'Exposition de 1889, une *Médaille d'or* a été décernée à :

Le **Comité général des sociétés de secours mutuels et de retraite de Lyon**, ayant pour objet de juger les différends qui peuvent s'élever entre les sociétés mutuelles et les sociétaires.

RETRAITE

Sur les 299 sociétés de secours mutuels approuvées du département, 245, au 1ᵉʳ janvier 1893, avaient des fonds de retraite dont l'ensemble s'élevait à 6,286,564 francs. — Elles servaient 1,673 pensions, montant ensemble à 162,147 fr.

RHONE — 16 —

Une *Médaille d'or* à l'Exposition de 1889, une *Médaille d'or* à l'Exposition de Lyon (1894) ont été décernées à :

La **Caisse de retraite des ouvriers en soie de Lyon**, *reconnue comme établ. d'util. publ.* en 1850. — Admettant, entre 18 et 35 ans, des sociétaires des deux sexes, favorisant les dépôts à la Caisse nationale des retraites, servant un complément de pension aux sociétaires qui, par suite d'infirmités anticipées, obtiennent la liquidation anticipée de leur rente viagère.

Une *Médaille d'argent* à l'Exposition de Lyon (1894) à :
La **Société de retraites pour la vieillesse, à Lyon**.

Des *Médailles de bronze* à :
L'**Union des familles, à Lyon** (société de retraite);
La **Société de retraite l'Ardéchoise, à Lyon**.

Des *Mentions honorables* à :
La **Famille lyonnaise**, *Société de retraites ouvrières du département du Rhône*;
La **Caisse de retraites des ouvriers fumistes et maçons, à Lyon**.

Au 1er janvier 1894, 6,503 habitants du Rhône étaients inscrits à la *Caisse nationale des retraites pour la vieillesse*, pour une rente totale de 915,315 francs, soit une moyenne de 141 francs.

SOCIÉTÉS COOPÉRATIVES DE CONSOMMATION

88 sociétés dans le département :
Amplepuis. — La Fraternité.
L'Arbresle. — Société alimentaire.
Cours. — Boulangerie sociale la Prévoyance. — L'abeille.
Cuire. — Boulangerie.
Givors. — Boulangerie du travailleur, 31, rue des Étables. — Boulangerie des travailleurs, impasse de la Ratière.
Grandris. — Boulangerie sociale.
Grigny. — Boulangerie.
Lyon. — Boulangeries : — L'Alliance fraternelle de Sainte-Foy-lez-Lyon. — L'Association des travailleurs de la Guillotière. — L'Avenir économique. — Du Bon-Pasteur. — La Cérès (Ier arrondissement). — Du IIe arrondissement. — Des familles. — La Fraternelle (Croix-Rousse). — La Ménagère de la Guillotière. — La Ménagère. — Association des chapeliers. — La Ménagère de Vaise. — Prévoyance sociale. — Sociale de prévoyance. — L'Union de l'épi fleuri. — Ménagère et Caisse de retraite pour la vieillesse l'Union des familles. — Union des travailleurs de Vaise. — Cuisine alimentaire des ouvriers corroyeurs (Villeurbanne). — Epiceries : — L'Avenir de l'industrie. — L'Avenir des travailleurs. — Société alimentaire du Clos-Bissardon. — L'Émancipation des consommateurs. — L'Espérance ouvrière. — La Fraternelle. — Société alimentaire du Mont-Sauvage. — La Prévoyante. — L'Ouvrière. — La Ruche. — Société alimentaire des Tapis. — Société alimentaire Tarrasse et Cie. — La Tribu lyonnaise. — L'Union commerciale de Saint-Clair. — L'Union des consommateurs. — L'Union ouvrière (Delpuech et Cie). — L'Union des répartiteurs équitables. — Société de chauffage de Vaise. — Association ouvrière. — Association des ouvriers de l'usine Coignet

et Cⁱᵉ. — La Coopérative. — Équitables coopérateurs. — Association de Saint-Clair. — Union des travailleurs de la cité Lafayette. — Association de chauffage du IVᵉ arrondissement. — Société de chauffage du VIᵉ arrondissement. — La Fraternelle de Perrache. — La Familière. — Société ouvrière de consommation et de production. — Société ouvrière de consommation, Chambre syndicale des tisseurs. — Fédération de l'Épicerie lyonnaise. — Société coopérative de chauffage d'employés ou agents des chemins de fer de la Compagnie P.-L.-M. — Société ménagère de chauffage, à Vaise. — Société coopérative de consommation de Sainte-Foy-l'Argentière. — Société coopérative de la Compagnie P.-L.-M. — Société coopérative des employés de la Compagnie P.-L.-M., à Vaise. — Société coopérative l'Union du Sud-Est. — Société coopérative de boucherie, Union des producteurs et des consommateurs. — Union ouvrière.

Le Ronzy. — L'Union, société coopérative.
Neuville-sur-Saône. — Société coopérative.
Pont-Trambouze. — L'Avenir social.
Oullins. — Boulangerie d'Oullins. — Epicerie coopérative. — Alliance des travailleurs oullinois. — Le Cottage. — Économie oullinoise.
Saint-Fons. — La Fraternelle.
Saint-Rambert. — Avenir de l'industrie.
Tarare. — Société coopérative de consommation.
Tassin-la-Demi-Lune. — Boulangerie ménagère de l'Etoile.
Thizy. — Boulangerie nationale. — Société du Bourg de Thisy l'Economie. — L'Union du Bourg de Thisy, au Ronzy. — La Laborieuse de Thizy.
Villefranche. — Boulangerie. — Boulangerie sociale de prévoyance.
Villeurbanne. — Cuisine alimentaire des ouvriers de la maison Serrid-Burnery et Cⁱᵉ. — Cuisine alimentaire des ouvriers corroyeurs de Villeurbanne. — Boulangerie ménagère de Villeurbanne. — La Solidarité.

Une *Médaille d'or* à l'Exposition universelle de 1889 et une *Médaille d'or* à l'Exposition d'économie sociale de Lyon (1894) ont été décernées à :

La Ruche, de Lyon. Fondée en 1866.

A l'Exposition de 1889, une *Médaille d'argent* à :

Les Équitables coopérateurs, de Lyon.

Et une *Médaille de bronze.*

L'Association ménagère et de chauffage.

Ont obtenu des *Mentions honorables* à l'Exposition de Lyon (1894) :

La **Société alimentaire du Tapis;**
La **Boulangerie ménagère;**
La **Boulangerie sociale et de prévoyance;**
La **Société coopérative de chauffage des ouvriers de la Compagnie P.-L.-M.**
La **Société coopérative de Sainte-Foy-l'Argentière.**
L'Union des consommateurs de Saint-Just.

HABITATIONS ÉCONOMIQUES

Une *Médaille d'or* à l'Exposition de 1889 à :

La Société des logements économiques, à Lyon. A pour objet de pro-

curer aux ouvriers un logement sain et peu coûteux. A construit dans ce but, dans divers quartiers de la ville, 73 maisons, contenant près de 800 logements.

INSTITUTIONS PATRONALES; PARTICIPATION AUX BÉNÉFICES

Une *Médaille d'argent* à l'Exposition universelle de 1889 pour l'ensemble de ses institutions patronales a été décernée à :

La **Société anonyme des houillères de Montrambert et la Béraudière**.

Une *Médaille de bronze*, à l'Exposition de Lyon (1894), à :

La **Caisse de prêts des chefs d'atelier de la fabrique de Lyon**.

Ont établi la participation aux bénéfices :

La **Maison Renard, Villet, Bunand**, teinturier à Lyon, en 1868 ;
La **Maison Dognin et Cie**, fabrique de tulle, à **Lyon**, en 1881.

ASSISTANCE PAR LE TRAVAIL

Œuvre de l'hospitalité par le travail (quai Jean-Jacques Rousseau). — Fondée en 1890, par M. le pasteur Æschimann. — Recueille tout indigent adressé par les souscripteurs de l'œuvre, le loge et le nourrit pendant huit jours au moins, en l'employant de midi à 6 heures à fabriquer des fagots.

Asile de nuit pour femmes. (Voir, plus loin, *Secours aux indigents*.) — Garde, au delà du délai normal de trois jours, un certain nombre de femmes qu'il a accueillies, en les employant au blanchissage du linge.

Le Travail de Marie, à Lyon (rue Puits-Gaillot). — Œuvre fondée en 1831. — Procure du travail aux mères de familles indigentes. Vend ou fait vendre les objets confectionnés par elles.

L'ouvroir à Lyon (1, rue des Bouquetiers). — Œuvre protestante ayant le même objet.

Société d'assistance des femmes par le travail, à Lyon (12, rue Gasparin). — Fondée en 1893. — Donne des travaux de couture, ou d'autres travaux, aux femmes indigentes munies d'un bulletin délivré par une dame faisant partie de l'œuvre ; leur donne un salaire de 1 franc à 1 fr. 50 par jour selon la tâche accomplie ; place comme ouvrières ou servantes les plus méritantes.

PLACEMENT

L'Œuvre des jeunes convalescentes (voir, plus loin, *Maisons de convalescence*) ; — **L'Asile pour les domestiques protestantes** et **l'Œuvre des Blandines** (voir, plus haut, *Maisons de préservation*), s'occupent de placer les jeunes filles qu'elles accueillent.

Association catholique des patrons de Lyon (17, rue Sainte-Catherine). — Place gratuitement des domestiques des deux sexes.

ŒUVRES DE RÉHABILITATION

Société de patronage des libérés, à Lyon. — Fondée en 1869 (82 sociétaires). — Assiste les détenus des deux sexes à leur sortie de prison. Cherche à les placer.

Société protestante de patronage des libérés, à Lyon. — Fondée en 1889. — Même objet pour les détenus protestants.

Asile Saint-Léonard, à Couzon (près Lyon). — Fondé en 1864 par l'abbé Villion. — *Reconnu établ. d'util. publ.* en 1868. — Le premier établissement de cette nature créé en France. — Dirigé par un ecclésiastique sous la surveillance d'un comité. — Reçoit des libérés adultes (entre 21 et 45 ans), et cherche à les ramener au bien en les employant à divers travaux.

Refuge de Notre-Dame de Compassion, à Lyon (8, rue de l'Antiquaille). — Fondé en 1838. — Dirigé par les *Sœurs de Sainte-Élisabeth*. — Reçoit des filles ou femmes égarées et repentantes.

Maison de la Solitude, à Lyon (29, chemin de Montauban). — Fondée en 1828. — Dirigée par les *Sœurs de Saint-Joseph*. — Reçoit des filles repenties à leur sortie de prison.

Œuvre de la Samaritaine, à Lyon (2, rue Victor Hugo). — Fondée en 1891. — Recueille, en attendant qu'elles entrent à l'hospice de la Charité, les filles enceintes, mais repentantes, les reçoit de nouveau après leurs couches et cherche à régulariser leur position.

Œuvre protestante du relèvement moral, à Lyon (3, quai Saint-Clair). — Cherche à ramener au bien des filles égarées, soit en les plaçant dans des refuges, soit en les faisant rentrer dans leur famille.

Société de Saint-François Régis, à Lyon (3, rue de la Bombarde). — Fondée en 1839. — Facilite aux indigents les formalités nécessaires pour leur mariage ; s'occupe de régulariser les unions et les naissances illégitimes.

Œuvre protestante des mariages, à Lyon (6, cours Lafayette). — Fondée en 1860. — Même objet que la précédente, pour les indigents protestants.

SECOURS AUX INDIGENTS

Bureaux de bienfaisance. En 1892, 212 bureaux dans le département. 21,054 assistés, 236,215 secours accordés.

Mont-de-piété de Lyon (235, rue Duguesclin). — *Autorisé* en 1810. — A prêté, pendant l'année 1892 : 6,375,849 francs sur 406,994 objets déposés en nantissement.

Bureau central des renseignements de bienfaisance, à Lyon (33, rue de la Bourse). — Fondé en 1895. — *Autorisé* la même année. — Donne des renseignements confidentiels sur la situation des indigents qui sollicitent des secours. Fait connaître aux personnes qui s'intéressent à un malheureux, malade, orphelin, vieillard, etc., l'œuvre la plus propre à le secourir. Prête son concours aux œuvres existantes ou en voie de constitution en leur fournissant tous les renseignements dont elles peuvent avoir besoin.

Dépôt de mendicité d'Albigny, près Lyon. — Reçoit gratuitement des hommes et des femmes sans ressource, les uns qui lui sont envoyés par suite de condamnations, les autres admis sur leur demande. — 600 lits.

Dépôt de mendicité de Tarare.

Dépôt de mendicité de Villefranche.

Société de Saint-Vincent de Paul. Bureau central à Lyon (2, rue Sainte-Hélène). — Visite les indigents, leur distribue des secours en nature.

23 *Conférences à* Lyon, dont la première fondée en 1836.
Conférence de **Villefranche.**
— *de* l'**Arbresles**. — Fondée en 1877.
— *d'*Amplepuis. — Fondée en 1863.

Le Diaconat, à Lyon (Temple de la place du Change). — Association protestante ayant le même objet que la précédente pour les indigents du culte réformé.

Œuvre protestante du vestiaire, à Lyon. — Distribue, pendant l'hiver, des objets d'habillement et de literie aux indigents protestants.

Comité de bienfaisance israélite, à Lyon (quai Tilsitt, à la Synagogue). Même objet pour les indigents israélites domiciliés ou de passage dans la ville; fournit à ces derniers les moyens de poursuivre leur route.

Fourneaux économiques de Lyon. — Fondés en 1881. — Dirigés par les *Sœurs de Saint-Vincent de Paul.* — Au nombre de trois : 1° 97, quai Duguesclin, — 2° 59, quai Saint-Vincent de Paul, — 3° 16, place de la Martinière.

Association alimentaire, à Lyon (3, rue Louis Blanc et place du Pont). — Fournit à prix très réduits une nourriture saine et abondante aux ouvriers et employés de commerce.

Œuvre de la bouchée de pain, à Lyon (149, grande rue de la Guillotière). — Fondée en 1891. — Donne du pain à consommer sur place à tout indigent qui se présente.

Bureau de bienfaisance des Dames. — Association de dames protestantes. — Assistant les indigents, particulièrement les vieillards et les infirmes, par des secours en nature et en espèces.

Œuvre du manteau de Saint-Martin, à Lyon. — Fondée en 1856. —

Reconnue établ. d'util. publ. en 1864. — Dirigée par un comité. — Fournit aux indigents, à leur sortie des hospices de la ville, des secours alimentaires, des vêtements et des chaussures.

Œuvre de la charité lyonnaise, à Lyon (4, rue Pomme de pin). — Fondée en 1891. — Recueille des vêtements et chaussures hors d'usage et les fait distribuer aux indigents par les Sœurs de leur paroisse.

La Bienfaisante, à Lyon. — Association de dames israélites assistant les femmes indigentes de leur religion, malades ou en couche, et les veuves chargées de famille.

Ancienne société de bienfaisance des dames israélites. — Même objet.

Association des dames de Sainte-Françoise, à Lyon (8, avenue du Doyenné). — Fondée en 1650. — Reconstituée en 1804. — Visite les indigents, leur distribue des secours alimentaires, des remèdes et du linge.

Œuvre de la Marmite, à Lyon (27, rue Saint-Joseph). — Fondée au dix-septième siècle. — Dirigée par les *Sœurs de Saint-Vincent de Paul*. — Assiste les pauvres honteux des paroisses Saint-François et Sainte-Croix, leur distribue des secours alimentaires et des vêtements.

Le Vestiaire, à Lyon (6, cours Liberté). — Distribue des vêtements, de la lingerie, de la literie aux indigents protestants.

Œuvre du vestiaire du Rosaire, à Lyon (45, rue Centrale). — Fournit du linge et des vêtements aux pauvres honteux ayant besoin d'une certaine tenue pour remplir leur emploi.

Asile municipal de nuit, à Lyon (Perrache). — Fondé en 1889. — Reçoit gratuitement pour trois nuits, en leur donnant une soupe, des indigents des deux sexes et de tout âge. — 68 lits pour hommes; 17 lits pour femmes, 8 pour enfants.

Œuvre lyonnaise de l'hospitalité de nuit, à Lyon (57, rue Louis Blanc). — Même objet pour les hommes sans asile. — A obtenu une *Médaille d'or* à l'Exposition d'économie sociale de Lyon (1894).

Asile de nuit pour femmes, à Lyon (rue Jacques Moyron). — Fondé en 1890. — Même objet.

Le service des voyageurs, à Lyon. — Dirigé par un pasteur. — Assiste les indigents protestants de passage à Lyon, rapatrie ceux qui, habitant Lyon, veulent rentrer dans leur pays natal.

Fondation Pleney, à Lyon. — Fondée en 1861, en exécution d'un legs de M. Pleney. — A pour but de distribuer des livrets de la Caisse d'épargne de 500 fr. aux jeunes gens des deux sexes, de 20 ans au moins, domiciliés depuis trois ans à Lyon, ayant soutenu leur famille par leur travail et leur dévouement.

Fondation Mazard, à Lyon. — Fondée en 1735, en exécution d'un legs de

M. Mazard. — A pour but de distribuer, chaque mois, des dots de 150 francs à trente-deux jeunes filles indigentes de Lyon, et une de la paroisse de Taluyers.

Fondation Gustel-Thival, à Lyon. — Fondée en 1825, en exécution d'un legs de M. Gustel-Thival. — A pour but de distribuer, une fois par an, des vêtements à trente enfants indigents d'un quartier de Lyon.

Œuvre de Sainte-Germaine, à Lyon. — Fondée en 1868. — A pour but de distribuer des vêtements et des fournitures scolaires aux petites filles indigentes fréquentant les écoles des Sœurs de Saint-Vincent de Paul.

Association des demoiselles de la paroisse Saint-Jean, à Lyon. — Fondée en 1823. — Même objet pour les petites filles fréquentant l'école des Sœurs de Saint-Charles.

Société de l'Enfant-Jésus, à Lyon. — Même objet pour les garçons fréquentant les écoles des Frères.

Denier des écoles, à Lyon. — Même objet pour les enfants des deux sexes fréquentant les écoles laïques.

Association des Dames de la Charité, à Fontaines-sur-Saône. — Fondée en 1850. — Visite les indigents, leur distribue des secours en nature.

Association des Dames de la Miséricorde, à l'Arbresle. — Même objet.

Association des Dames de la Miséricorde, à Vourles. — Fondée en 1876. — Même objet.

Société de Charité, à Tassin-la-Demi-Lune. — Divisée en deux sections. — Même objet.

Comité de Charité, à Saint-Lager. — Fondée en 1888. — Même objet.

Association des Dames de la Miséricorde à Saint-Just d'Avray. — Fondée en 1830. — Même objet.

SECOURS AUX MALADES

HOPITAUX ET HOSPICES

Dans tout le département : 6,278 lits d'hôpitaux ou d'hospices.
Malades traités pendant l'année 1893 : 33,720.
Infirmes, incurables ou vieillards hospitalisés au 1er janvier 1894 : 1,285.

Hôtel-Dieu de Lyon. — Fondé au sixième siècle. — Desservi par les *Religieuses hospitalières* et les *Frères hospitaliers* des hôpitaux de Lyon. — Reçoit gratuitement les malades (non incurables, ni épileptiques, ni teigneux) indigents, de toute origine ; les non indigents, moyennant 2 francs par jour en salles communes et 20 francs en chambres particulières. — 1,000 lits.

Hôpital de la Croix-Rousse, à Lyon. — Fondé en 1861. — Desservi par les *Religieuses hospitalières* et les *Frères hospitaliers* des hôpitaux de Lyon. — Est spécialement affecté aux malades de deux quartiers de Lyon (sauf les mêmes exceptions que ci-dessus). — Reçoit pourtant, quand des lits sont vacants, des malades du reste de l'agglomération lyonnaise, de *Cuire* et de *Caluire*. — Les malades indigents sont admis gratuitement; les autres, moyennant 2 francs par jour. — 385 lits.

Hospice de l'Antiquaille, à Lyon. — Fondé en 1803. — Desservi par les *Religieuses hospitalières* et les *Frères hospitaliers* des hôpitaux de Lyon. — Reçoit les dartreux et les teigneux des deux sexes, les indigents domiciliés à Lyon depuis un an gratuitement; les indigents des autres communes du Rhône, moyennant une pension de 1 fr. 60 par jour; ceux qui sont étrangers au département, moyennant 2 francs par jour.

Infirmerie protestante, à Lyon (2, rue Pierre Dupont). — Fondée en 1844. — Administrée par un comité. — Desservie par des diaconesses de Berne. — Reçoit les malades protestants, les plus indigents gratuitement, les autres moyennant 1 fr. 50 par jour en salles communes, et 4 francs en chambres particulières. — 24 lits.

Hôpital Saint-Luc, à Lyon (quai Claude Bernard). — Fondé en 1869. — Desservi par les *Sœurs de Saint-Vincent de Paul*. — Affecté au traitement homéopathique des malades. — Reçoit les indigents gratuitement, les autres moyennant 2 francs par jour en salles communes et 10 francs en chambres particulières.

Hôpital Saint-Joseph, à Lyon. — Fondé en 1895. — Desservi par les *Sœurs de Saint-Vincent de Paul*, administré par un comité et les facultés catholiques; salles de malades et de chirurgie pour les indigents; chambres particulières pour les payants. — 200 lits.

Infirmerie Saint-Jean, à Lyon (8, rue du Doyenné). — Hôpital fondé par M. Magloire Martin. — Dirigé par les *Sœurs de Saint-Vincent de Paul*. — Reçoit gratuitement les femmes indigentes des paroisses de Saint-Jean et Saint-Georges.

Hôtel-Dieu de Condrieu. — Desservi par les *Sœurs du Saint-Sacrement*. — Reçoit gratuitement les malades indigents de la commune; les malades étrangers à la commune, moyennant une indemnité de 2 francs par jour.

Hospice de Neuville-sur-Saône. — Desservi par les *Sœurs de Saint-Vincent de Paul*. — Reçoit gratuitement les malades indigents de la commune; les malades étrangers à la commune moyennant une indemnité de 2 francs par jour.

Hôpital-hospice de Givors. — Desservi par les *Sœurs de Saint-Vincent de Paul*. — Reçoit gratuitement les vieillards indigents de la commune, et les autres moyennant une indemnité de 1 fr. 50 par jour.

Hôpital de Saint-Laurent de Chamousset. — Desservi par les *Sœurs de*

RHÔNE

Saint-Joseph. — Reçoit gratuitement les malades indigents de la commune (un un lit est en outre réservé à la commune de *Haute-Rivoire*). — Reçoit les autres moyennant une indemnité de 2 francs par jour. — 6 lits.

Hôpital de Saint-Symphorien. — Desservi par les *Sœurs de Sainte-Marthe*. — Reçoit gratuitement les malades indigents de la commune, et les autres moyennant une idemnité de 2 francs par jour. — 48 lits.

Hospice de Villefranche. — Fondé en 1660. — Desservi par les *Sœurs de Sainte-Marthe*. — Reçoit gratuitement les malades indigents de l'arrondissement, et les autres moyennant une indemnité de 1 fr. 50 par jour. — 160 lits.

Hospice d'Amplepuis. — Reçoit gratuitement les malades indigents de la commune (un lit est en outre réservé à la commune de *Cublize*). — 18 lits.

Hôpital de Beaujeu. — Fondé en 1685. — Desservi par les *Sœurs de Sainte-Marthe*. — Reçoit gratuitement les malades indigents de la commune, et les autres moyennant une indemnité de 2 francs par jour. — 75 lits.

Hôpital d'Anse. — Fondé en 1876. — Desservi par les *Sœurs de Sainte-Marthe*. — Reçoit gratuitement les malades indigents de la commune, et les autres moyennant une indemnité de 2 fr. 50 par jour.

Hospice de Belleville. — Fondé en 1733. — Reçoit gratuitement les malades indigents de la ville et ceux des cantons voisins ayant fondé des lits. — 44 lits.

Hospice de Tarare. — Fondé en 1725. — Reçoit gratuitement les malades indigents de la ville, et les malades étrangers moyennant une indemnité de 2 fr. 85 par jour. — 34 lits.

Hôpital de Thizy. — Fondé en 1863. — Desservi par *Sœurs de Saint-Charles*. — Reçoit gratuitement les malades indigents de la commune, et les autres moyennant une indemnité de 2 francs par jour. — 12 lits.

Hôpital de Grand-Ris. — Desservi par les *Sœurs de Saint-Vincent de Paul*. — Reçoit gratuitement les malades indigents de la commune, et les autres moyennant une indemnité de 2 francs par jour.

DISPENSAIRES

Dispensaire général, à Lyon (20, rue de la Pouillerie). — Fondé en 1818. — *Reconnu établ. d'util. publ.* en 1833. — Consultations gratuites pour toutes sortes de maladies; distribution gratuite de médicaments aux malades munis d'une carte de bienfaisance. — A obtenu une *Médaille d'or* à l'Exposition d'économie sociale de Lyon (1894).

Dispensaire spécial, à Lyon (13, place de la Trinité). — Fondé en 1841. — Donne des soins et des médicaments gratuits aux indigents.

Dispensaire ophtalmologique, à **Lyon** (18, quai Saint-Clair). — Fondé, en 1877, par le docteur Dor. — Consultations et soins gratuits aux indigents.

Hôpital de la Croix-Rousse. — Consultations et médicaments gratuits pour les indigents.

Hôtel-Dieu de Lyon. — Consultations et médicaments gratuits pour les indigents.

SECOURS AUX MILITAIRES ET AUX MARINS

Société de secours aux blessés. — Comités à : **Lyon, l'Abresle, Saint-Rambert, Tarare, Thizy et Villefranche.** — Assiste, en temps de guerre, les militaires blessés ou malades; secourt, en temps de paix, les anciens militaires blessés, leurs veuves et leurs orphelins.

Union des femmes de France. — Comités à **Lyon** (17, place Bellecour). — Assiste, en temps de guerre, les militaires blessés ou malades; secourt, en temps de paix, les victimes des désastres publics.

SOINS DES MALADES A DOMICILE

Dispensaire général, à **Lyon**. (Voir, plus haut, *Dispensaires*.) — Fait soigner gratuitement, à domicile, tout malade indigent muni de la carte d'un souscripteur.

Maison des Sœurs de l'Espérance, à **Lyon** (14, montée des Carmes). — — Fondée en 1858. — Garde les malades à domicile.

Société charitable des Hospitaliers veilleurs, à **Lyon** (8, place de l'Ancienne-Douane). — Fondée en 1763. — *Reconnu établ. d'ut. publ.* en 1855. — — Association de messieurs veillant gratuitement les malades indigents à domicile.

Œuvre des Pauvres malades, à **Lyon**. — Distribue des secours en espèces et des médicaments aux malades indigents, et quand ils n'ont personne pour les soigner, leur fournit une garde-malade.

Maison des Petites Sœurs de l'Assomption, à **Lyon** (11, rue Rachais). — Soigne et assiste les malades indigents à domicile.

Gardes-malades des pauvres, à **Lyon** (22, rue Ney). — Maison des *Religieuses de Sainte-Marie des Anges*, soignant gratuitement les malades indigents.

Société des Pauvres malades protestants, à **Lyon**. — Fondée, en 1891, par M. Albert Schulz. — Distribue aux malades indigents protestants des bons de lait, de bouillon et de viande; leur prête des couvertures et du linge.

Maison des Pères de Saint-Camille de Lellis, à **Lyon**. (Voir, plus loin, *Maisons de santé*.) — Les Pères et les Frères de cette maison soignent les malades à domicile, sans autre rétribution qu'une aumône facultative, et, en cas de déplacement, le payement de leurs frais de voyage.

Œuvre des Veilleuses de la paroisse de la Rédemption, à Lyon. — Dirigée par les *Sœurs de Saint-Vincent de Paul*. — Procure une garde aux malades indigents de la paroisse, que leur famille ne peut suffisamment soigner.

Œuvre des Veilleuses de la paroisse de Saint-Pierre. — Même objet.

Œuvre des Veilleuses de la paroisse de Saint-Bonaventure. — Même objet.

Œuvre des Dames veilleuses, à l'Arbresle. — Fondée en 1862. — Même objet.

Maison des Sœurs du Cœur de Jésus agonisant, à Villeurbanne. — Assiste et soigne les malades indigents.

Maison des Sœurs Franciscaines de la Propagation de la Foi. — Ayant le même objet, à *Couzon* et *Belleville*.

Maison des Sœurs Franciscaines de Saint-Joseph, à Belleville. — Même objet.

ASILES DE CONVALESCENCE

Asile Sainte-Eugénie, à Saint-Genis-Laval. — Dépendant des hospices civils de Lyon. — Fondé, en 1867, par l'impératrice Eugénie. — Desservi par les *Religieuses hospitalières* et les *Frères hospitaliers*. — Reçoit gratuitement, pour y achever leur guérison, des hommes convalescents sortant de l'Hôtel-Dieu, de l'hôpital de la Croix-Rousse ou de l'hôpital Saint-Pothin. — 103 lits.

Hopital Paul-Michel Perret, à Saint-Genis-Laval, annexe de l'asile Sainte-Eugénie. — Fondé en 1895, par Mme Perret, et destiné aux enfants convalescents, filles et garçons, sortant des hôpitaux de Lyon. — 100 lits.

Maison de convalescence du Moulin-à-Vent (ou *Asile Dethuel*), à Lyon (12, route de Vienne). — Fondée, en 1860, par Mme Dethuel. — Reçoit gratuitement des convalescentes, protestantes de préférence, mais non exclusivement. — 25 lits, dont 9 seulement pour les convalescentes.
Voir, plus loin, *Asiles de vieillards*.

Œuvre des Jeunes convalescentes, à Lyon (27, montée Saint-Barthélemy). — Fondée en 1846. — Reçoit des jeunes filles sortant des hôpitaux. — 250 lits.

Recouvrance de Champagne-lez-Lyon. — Fondée, en 1846, en exécution d'un legs de Mme de Villas d'Arnal. — Administrée par un comité de dames. — Reçoit gratuitement des jeunes filles protestantes indigentes ayant besoin du séjour de la campagne.

Recouvrance d'Oullins. — Fondée, en 1872, par Mme Chabrières, et entretenue par elle. — Reçoit, pendant un mois, des jeunes garçons, entre 3 et 14 ans, ayant besoin du séjour de la campagne. — 22 places.

MAISON DE SANTÉ ET DE RETRAITE

Maison Saint-Camille, à Lyon (96, chemin de Francheville). — Fondée en 1874. — Dirigée par les *Pères de Saint-Camille de Lellis*. — Reçoit des hommes malades ou convalescents, moyennant une pension variant de 3 fr. 50 à 5 francs par jour (frais de médecin, de médicaments, de blanchissage et de chauffage non compris). — 15 lits.

Institut Saint-Louis, à Lyon (105, grande rue de la Guillotière). — Dirigé par les *Franciscains* (de Nevers), pour malades payants ; prix de journée variables,

Hospice de l'Antiquaille, à Lyon. (Voir, plus haut, *Hôpitaux et hospices*.) — Reçoit des pensionnaires des deux sexes moyennant une pension annuelle de 650 francs.

Maison de santé, à Lyon (2, montée du Chemin-Neuf). — Fondée en 1848. — Dirigée par les *Sœurs de Sainte-Marthe* (de Dijon). — Reçoit des personnes ayant à subir des opérations.

Maison de retraite, à Lyon (13, rue Saint-Pierre-le-Vieux). — Dirigée par les *Sœurs de Saint-Vincent de Paul*. — Reçoit des dames moyennant une pension à fixer de gré à gré.

Maison de Jésus-Marie, à Lyon (4, rue du Juge de paix). — Fondée en 1858. — Reçoit des dames moyennant une pension variable à fixer de gré à gré. — 55 lits.

Maison des Sœurs de Saint-Charles, à Lyon (37, rue Pierre Dupont). — Reçoit des dames moyennant une pension variant de 800 à 1,200 francs.

Villa de la Santé, à Lyon (chemin des Mares). — Fondée en 1881. — Direction laïque. — Reçoit des malades des deux sexes, moyennant une pension variable à fixer de gré à gré. — 12 lits.

Villa des Roses, maison Perrachon. — Fondée en 1865. — Direction laïque. — Reçoit des malades des deux sexes, moyennant une pension variable à fixer de gré à gré. — 25 lits.

Hospice Saint-Benoît, à Caluire. (Voir, plus loin, *Asiles de vieillards*.) — Reçoit des dames moyennant une pension annuelle variant de 600 à 1,200 francs.

Maison de retraite de la Sainte-Famille, à Cuire (1, montée des

Forts). — Dirigée par les *Sœurs de la Sainte-Famille*. — Moyennant une pension variant de 100 à 200 francs par mois.

INCURABLES, INFIRMES, ÉPILEPTIQUES

Établissement de Charité des jeunes filles incurables, à Lyon (6, rue de Jarente). — Fondé, en 1819, par Mlle Adélaïde Perrin. — Dirigé par les *Sœurs de Saint-Joseph*, sous la surveillance d'un comité de dames. — Reçoit gratuitement, à partir de 25 ans, des femmes incurables non mariées, nées ou domiciliées, depuis trois ans, dans le département du Rhône. — 190 lits.

Hospice de la Charité, à Lyon. (Voir, plus loin, *Vieillesse*.) — A 100 lits réservés à des incurables qu'il reçoit aux mêmes conditions que les vieillards.

Hospice de l'Antiquaille, à Lyon. (Voir, plus haut, *Hôpitaux et hospices*.) — Reçoit des garçons épileptiques de moins de 16 ans (20 lits); — des filles et femmes épileptiques (37 lits). 10 de ces lits, fondés par M. Courajod, sont affectés gratuitement aux épileptiques du Rhône; le prix de la pension, pour les autres, varie entre 1 fr. 50 et 2 francs par jour. — A 5 lits fondés spécialement pour des incurables non épileptiques.

Hospice du Perron, à Pierre-Bénite. — Fondé en 1844. — Desservi par les *Religieuses hospitalières*. — A un quartier spécial dépendant de l'Administration des hospices civils de Lyon, pour garçons incurables de Lyon, qui sont reçus gratuitement entre 5 et 18 ans. — Reçoit aussi des incurables des deux sexes de tout âge, Français, domiciliés à Lyon depuis 5 ans; les plus indigents, gratuitement; les autres, moyennant une pension de 500 francs. — Reçoit, aux mêmes conditions, des épileptiques.

Providence des Infirmes de Sainte-Élisabeth, à Lyon (9, rue de la Claire). — Fondée en 1844. — Dirigée par les *Sœurs de Saint-Joseph*. — Reçoit des jeunes filles infirmes, entre 10 et 30 ans, et les garde indéfiniment. — 150 lits.

Asile de la paroisse Saint-Pierre, à Lyon. — Fondé en 1820. — Dirigé par les *Sœurs de Saint-Joseph*. (Voir, plus loin, *Asiles de vieillards*.) — Reçoit gratuitement des femmes incurables de la paroisse Saint-Pierre.

Providence de Saint-Nizier, à Lyon (66, rue de l'Hôtel de ville). — Dirigée par les *Sœurs de Saint-Charles*. — Reçoit gratuitement des femmes incurables de la paroisse.

Maison des Sœurs Auxiliatrices de la Salette. (Voir, plus loin, *Asiles de vieillards*.) — Reçoit des jeunes filles incurables.

Asile municipal Magnin-Fournet, à Lyon (69, grande rue de Cuire). — Reçoit gratuitement des femmes incurables indigentes, nées ou domiciliées depuis 30 ans à la Croix-Rousse. — 30 lits.

Asile de femmes indigentes, à Lyon (179, route d'Heyrieu). — Fondé en 1887. — Reçoit des femmes atteintes d'infirmités chroniques. — 30 places.

Maison de convalescence du Moulin-à-Vent. (Voir, plus haut.) — Reçoit des femmes incurables.

Œuvre de la Croix, à Lyon (1, rue du Juge de paix). — Fondée en 1878. — Reçoit, à tout âge, des hommes atteints de plaies incurables. — 30 lits.

Œuvre des Dames du Calvaire, à Lyon. — Fondée, en 1842, par Mme Garnier. — *Reconnue établ. d'util. publ.* — Cet établissement, le premier de ce genre qui ait été créé en France, reçoit, à tout âge, des femmes atteintes de plaies incurables, qui sont soignées et pansées par des dames charitables veuves.

Hospice de Saint-Symphorien. (Voir, plus haut, *Hôpitaux et hospices.*) — Reçoit gratuitement des infirmes de la commune.

Hospice d'incurables, à Saint-Alban. — Desservi par les *Sœurs de Saint-Vincent de Paul.*

Hospice de Belleville. (Voir, plus haut, *Hôpitaux et hospices.*) — Reçoit des infirmes et des incurables de la ville.

Six pensions, fournies par des fondations spéciales, sont servies à des incurables soignés à domicile.

SOURDS-MUETS

Asile de sourds-muets adultes, à Lyon (impasse des Jardins). — Fondé en 1856. — *Reconnu établ. d'util. publ.* en 1859. — Dirigé par les *Sœurs de Saint-Joseph.* — Reçoit des sourds-muets des deux sexes. — 90 places.

ALIÉNÉS

Asile départemental de Bron (près Lyon). — Fondé en 1867. — Reçoit des aliénés des deux sexes; les indigents du Rhône, gratuitement; les autres, moyennant une pension variant de 1 fr. 70 à 6 fr. 50 par jour.
Comptait, au 1er janvier 1893 : 1,509 aliénés (649 hommes, 860 femmes).

Maison des Frères de Saint-Jean de Dieu, à Lyon (206, route de Vienne). — Fondée en 1824. — Asile privé faisant fonction d'asile public. — Reçoit des hommes aliénés; les indigents, gratuitement; les autres, moyennant une pension variant de 2 francs à 10 francs par jour, plus un trousseau.
Comptait, au 1er janvier 1893 : 725 aliénés.

Asile Saint-Vincent de Paul, à Lyon. — Reçoit des femmes aliénées.
Comptait, au 1er janvier 1893 : 89 aliénées.

Maison de santé Champvert, à Lyon (35, chemin des Grandes-Terres). — Reçoit des aliénés des deux sexes.
Comptait, au 1er janvier 1893 : 38 aliénés (5 hommes, 33 femmes).

RHONE

Maison de santé Saint-Joseph, à Vaugneray. — Reçoit des femmes aliénées.
Comptait, au 1er janvier 1893 : 78 aliénées.

Maison de santé du Verbe Incarné, à Villeurbanne (près Lyon). — Reçoit des femmes aliénées.
Comptait, au 1er janvier 1893 : 19 aliénées.

Hospice, à Vaugneray. — Dirigé par les *Sœurs de Saint-Joseph*, pour filles et femmes aliénées ou idiotes de 12 ans au moins : 800 francs par an et un trousseau. — 90 lits.

III

VIEILLESSE

ASILES DE TOUTE NATURE POUR LES VIEILLARDS

Hospice de la Charité, à Lyon. (Voir, plus haut, *Œuvres de maternité*.) — Reçoit gratuitement des vieillards indigents des deux sexes, Français, nés ou domiciliés depuis dix ans à Lyon, et âgés de 70 ans au moins. — 480 lits (217 pour hommes, 263 pour femmes).

Hospice de vieillards de la Guillotière, à Lyon (3, rue de la Madeleine). — Fondé en 1830. — Desservi par les *Sœurs de Saint-Charles*. — Mêmes conditions d'admission que pour le précédent. — 66 lits pour hommes, 65 lits pour femmes.

Maisons des Petites Sœurs des Pauvres, à Lyon (au nombre de trois : 29, rue Corne de Cerf, — 14, rue Grenouille, — 43, rue de l'Enfance). — *Autorisées* en 1861. — Reçoivent gratuitement des vieillards indigents des deux sexes, âgés de 60 ans au moins et domiciliés à Lyon. — 240 lits.

Asile de la Sainte-Famille, à Lyon (118, rue Boileau). — Fondé en 1866. — Direction laïque. — Reçoit gratuitement des vieillards indigents des deux sexes, âgés de 60 ans au moins. — 80 lits.

Maison israélite de refuge pour les vieillards. — Fondée, en 1866, par M. Luville. — *Reconnu établ. d'util. publ.* en 1887. — Dirigée par un comité. — Reçoit gratuitement les vieillards israélites des deux sexes domiciliés à Lyon. — 10 lits.

Asile de vieillards de Villeurbanne (29, chemin du Grand-Camp). — Fondé en 1880. — Dirigé par un comité. — Reçoit des hommes protestants, âgés de 70 ans au moins, moyennant une pension de 30 francs par mois payée pour les indigents par le diaconat. — 20 places.

Maison des Sœurs Auxiliatrices de Notre-Dame de la Salette, à Sainte-Foy (près Lyon). — *Autorisée* en 1863. — Reçoit gratuitement, entre 50 et 60 ans, des ouvrières de Lyon, non mariées. — 50 lits.

Asiles des Paroisses, à Lyon. — Réservés aux vieillards catholiques domiciliés sur la paroisse et âgés de 60 ans au moins :

Paroisse Saint-Jean. Fondé en 1820. Dirigé par les *Sœurs de Saint-Vincent de Paul* (15 lits pour femmes). — **Paroisse Saint-Louis.** Fondé en 1851. Dirigé par les *Sœurs de Saint-Vincent de Paul* (18 lits pour femmes). — **Paroisse Saint-Pierre.** Fondé en 1810. Dirigé par les *Sœurs de Saint-Joseph* (pour vieillards des deux sexes). — **Paroisse Sainte-Croix.** Dirigé par les *Sœurs de Saint-Vincent de Paul* (pour femmes). — **Paroisse Saint-Paul.** Dirigé par les *Sœurs de Saint-Vincent de Paul* (pour femmes). — **Paroisse d'Ainay.** Dirigé par les *Sœurs de Saint-Vincent de Paul* (pour femmes). — **Paroisse Saint-François.** Dirigé par les *Sœurs de Saint-Joseph* (pour femmes). — **Paroisse Saint-Polycarpe.** Fondé en 1842. Dirigé par les *Sœurs de Saint-Joseph* (pour femmes). — **Paroisse Saint-Bruno.** Fondé en 1819. Dirigé par les *Sœurs de Saint-Charles* (pour femmes âgées).

Maison de retraite, à Lyon (12, passage de l'Enfance). — Fondée en 1825. — Reçoit des personnes âgées moyennant une pension variable.

Maison de convalescence du Moulin-à-Vent. (Voir, plus haut.) — Reçoit des femmes protestantes, âgées de 70 ans, moyennant une pension de 30 francs par mois. — 16 lits, dont 6 gratuits, leur sont réservés.

Hospice Saint-Benoît, à Cuire. — Fondé en 1848. — Dirigé par les *Religieuses Bénédictines du Très Saint Cœur de Marie*. — Reçoit gratuitement les femmes âgées de Cuire et de Caluire. — 12 places.

Dépôt de mendicité d'Albigny, à Couzon (près Lyon). — Fondé en 1860. — Reçoit, à titre de reclus volontaires, des vieillards ne pouvant plus vivre de leur travail.

Asile Saint-Raphaël, à Couzon. — Fondé en 1878. — Dirigé par les *Sœurs de Saint-Charles*. — Reçoit des dames âgées moyennant une pension variant de 800 à 1,200 francs.

Hôpital de Condrieux. (Voir *Hôpitaux*). — Reçoit moyennant 1 fr. 50 les vieillards de la commune et 1 fr. 60 les étrangers à la commune.

Cité de l'Enfant-Jésus, à Lyon (rue Duguesclin). — Œuvre fondée en 1855. — Dirigé par un ecclésiastique. — Fournit un logement gratuit aux vieillards pouvant encore gagner leur nourriture par leur travail. — 350 lits.

Asile de l'Enfant-Jésus, à Saint-Rambert-l'Isle-Barbe. — Fondé en 1882. — Dirigé par un ecclésiastique. — Loge gratuitement des vieillards indigents des deux sexes. — 50 lits.

Hospice de Givors. (Voir, plus haut, *Hôpitaux et hospices.*) — Reçoit gratuitement des vieillards indigents de la commune.

Refuge de vieillards, à Mornant. — Fondé en 1881. — 18 lits.

Maison des Petites Sœurs des Pauvres, à Villefranche. — *Autorisée* en 1872. — Mêmes conditions que pour la maison de Lyon. — 100 lits.

Hospice de Villefranche. (Voir, plus haut, *Hôpitaux et hospices.*) — Sur ses 160 lits, 60 sont réservés à des vieillards indigents; ceux de la commune y sont admis gratuitement.

Maison des Petites Sœurs des Pauvres, à Tarare. — *Autorisée* en 1858. — Mêmes conditions que pour la maison de Lyon. — 100 lits.

Hospice d'Anse. (Voir, plus haut, *Hôpitaux et hospices.*) — Reçoit gratuitement des vieillards indigents de la commune.

Hospice Petit, à Irigny. — *Reconnu établ. d'util. publ.* en 1883. — Reçoit gratuitement des vieillards indigents de la commune.

SECOURS ET PENSIONS POUR DES VIEILLARDS

Une pension annuelle de 100 francs est accordée par la municipalité de Lyon, aux vieillards de 70 ans habitant la ville depuis 20 ans au moins, et produisant un certificat de bonnes vie et mœurs.

Œuvre de la Marmite. (Voir, plus haut, *Secours aux indigents.*) — Assiste particulièrement les vieillards des paroisses de Sainte-Croix et de Saint-François. Leur distribue des secours alimentaires. Leur fournit du linge de corps et des draps.

ÉPILEPSIE
ET MALADIES NERVEUSES

« Dans l'état actuel de la Science, les Drag[ées] Gelineau constituent le plus puissant a[nti-]épileptique. »

De toutes les névroses, l'**Épilepsie**, connue aussi sous le nom de *haut mal, mal caduc*, [est] bien la plus cruelle. Elle fait le *désespoir* des familles; aussi est-on heureux d'avoir [un] remède à apporter à cette maladie aussi cruelle que bizarre. Ce remède, qui devient presq[ue] universel, est constitué par les

DRAGÉES GELINEAU
8 fr. le flacon, 4 fr. 50 le demi-flacon

DANS TOUTES LES PHARMACIES

Au Dépôt général, 26, rue Houdan, à Sceaux

GOUTTE
RHUMATISMES

Les accès de **Goutte** et de **Rhumatismes** s[ont] guéris par l'usage du

Vin antigoutteux d'Anduran
5 fr. le 1/2 flacon en toutes pharmacies
Et 3, rue Jacob, Paris, pharmacie PAPILLA[UD]

Pour empêcher le *retour* des **Accès de goutte** et les *rechutes* du **Rhumatisme**, il su[ffit] de prendre, *matin* et *soir*, 2 pilules d'**Anduran**.

3 FR. LE FLACON
Pharmacie PAPILLAUD, 3, rue Jacob, PARIS

BRONCHITE CHRONIQUE	**ÉLIXIR VITAL**	ÉPUISEMENT
Enfants débiles et		IMPUISSANCE
délicats	DE	Faiblesse native ou
Jeunes mères		acquise
nourrices	**QUENTIN**	Inappétence

5 fr. le flacon

PHARMACIE QUENTIN, 22, PLACE DES VOSGES, PARI[S]

TOUX PERSISTANTE	POUR NE PLUS TOUSSER	IRRITATION DE POITR[INE]
RHUMES		GRIPPE
BRONCHITE	PRENEZ LE	INFLUENZA

PECTO-PUNCH MOUSNIER
2 fr. 75 le flacon. — 1 fr. 50 le 1/2 flacon

Toutes pharmacies et chez **MOUSNIER**, 26, rue Houdan, à Sceaux

BAINS — BUANDERIES

BAIGNOIRES — CHAUFFE-BAINS | APPAREILS DE LESSIVAGE
SPÉCIALITÉ DU CHAUFFE-BAINS PARISIEN | LAVEUSES — ESSOREUSES — REPASSEUSES

SÉCHOIRS

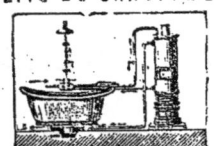

Envoi franco
DE CATALOGUES

DELAROCHE Aîné, 22, rue Bertrand, Paris

FERNAND DEHAITRE
CONSTRUCTEUR-MÉCANICIEN
6, rue d'Oran, 6
PARIS

MATÉRIEL
FRANÇAIS

BUANDERIES
LAVOIRS
BAINS
HYDROTHÉRAPIE
DÉSINFECTION

INSTALLATIONS
pour Hôpitaux et Établissements publics

Fournisseur de l'Assistance publique.

FABRIQUE DE COUVERTS
ET D'ORFÈVRERIE
SUR MÉTAL EXTRABLANC ARGENTÉ 1re QUALITÉ
OU EN ARGENT MASSIF

ARMAND FRÉNAIS
65, Boulevard Richard-Lenoir, 65
PARIS
Réargenture de tous articles.

SOLUTION DE BI-PHOSPHATE DE CHAUX des
FRÈRES MARISTES
de SAINT-PAUL-TROIS-CHATEAUX (Drôme)
VINGT-CINQ ANS DE SUCCÈS

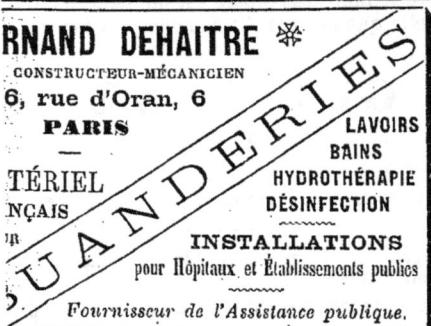

Cette solution est employée pour combattre les *bronchites chroniques,* les *catarrhes invétérés,* la *phtisie tuberculeuse* à toutes les périodes, principalement au premier et au deuxième degré, où elle a une action décisive. — Ses propriétés reconstituantes en font un agent précieux pour combattre les *scrofules,* la *débilité générale,* le *ramollissement* a *carie des os,* etc., et généralement toutes les maladies qui ont pour cause la *pauvreté du sang,* qu'elle enrichit, ou *malignité des humeurs,* qu'elle corrige. Elle est très avantageuse aux enfants faibles, aux personnes d'une complexion délicate et aux convalescents. Elle excite l'appétit, facilite la digestion, et elle est inaltérable.

Prix : **3 fr.** le demi-litre ; **5 fr.** le litre (notice franco). — Dépôt dans toutes les bonnes Pharmacies
Pour éviter les contrefaçons, exiger les signatures ci-après : **L. ARSAC et Fre CHRYSOGONE.**

LA SÉCURITÉ
PAR LE
REVOLVER

On n'attaque pas les personnes que l'on sait armées. Pour éviter les vols, acheter, montrer, expérimenter son revolver.
Grand choix de Revolvers spéciaux pour la défense
A. GUINARD
8, avenue de l'Opéra, 8, PARIS

Envoyer mandat-poste de 28 fr., 33, 43, 53 fr.
pour recevoir, franco, Revolver, Gaine et Cartouches.

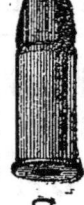

LE FER BRAVAIS
est le TONIQUE et le
RECONSTITUANT par excellence
DANS LA CONVALESCENCE
ne constipe pas et ne fatigue pas l'estomac.
LE FER BRAVAIS guérit :
Anémie, chlorose, débilité, épuisement.
Héroïque pour la femme et la jeune fille.
Aussi est-il admis dans les hôpitaux, et prescrit avec succès par tous les médecins.

Toutes pharmacies, et 55, rue Saint-Lazare, PARIS

E. PLON, NOURRIT & Cie, IMPRIMEURS-ÉDITEURS
10, rue Garancière, Paris

Les Petites Sœurs des pauvres, ou la merveille du XIXe siècle, par Mme Abel Ram. Un vol. in-18. Prix. . . . . 3 fr. 50

Jésus Christ, par le R. P. Didon, de l'Ordre des Frères Prêcheurs. 44e mille. Un vol. in-16 double écu, avec cartes et plans. Prix. . . . . . . 5 fr.

Saint François d'Assise (1182-1226). Un vol. in-8°, orné de gravures sur bois. Prix. . . . 4 fr.

La Vierge lorraine Jeanne d'Arc. Son histoire au point de vue de l'héroïsme, de la sainteté et du martyre, par la comtesse de Chabannes. 2e édition, honorée d'une lettre de Rome et de plusieurs approbations épiscopales. Un vol. in-18 orné d'un portrait. Prix. . . . . 1 fr. 25

Les Espérances chrétiennes, par Augustin Cochin, publié avec une préface et des notes, par Henri Cochin. 2e édit. Un vol. in-18. Prix. . 4 fr.

Exposé de la Doctrine catholique, par P. Girondon, prêtre. Ouvrage précédé d'une introduction par Mgr d'Hulst, vicaire général de Paris, recteur de l'Institut catholique. Deux vol. in-8°. . 10 fr.

Un prédicateur populaire dans l'Italie de la Renaissance **Saint Bernardin de Sienne (1380-1444),** par Thureau-Dangin, de l'Académie française Un vol in-18. Prix. . . . . 3 fr. 50

La Charité en France. *Un recensement général des œuvres charitables,* par Paul Festugière. Une brochure. . . . . 0 fr. 60

La Guérison des M
Une seule dose de **CÉRÉ**
liqueur agréable, agissant directement sur les ce...
prise à n'importe quel moment d'un accès de **MIGRA**
NÉVRALGIE, le fait disparaître en moins de 10 à ...
— La **CÉRÉBRINE** agit merveilleusement contre les N
faciales, intercostales, rhumatismales et sciatiques, l
stomacal et par-dessus tout contre les Coliques pério
femmes. — Échantillon franco poste, 1 fr. 50. Flacon, 3.
E. **FOURNIER,** Ph^{ie} du Printemps, 114, rue de Provence, Paris, et

POMMADE DERMATIQUE MOU
Cette Pommade guérit les **Bout**
Rougeurs Démangeais
Acné, Eczéma, Dart
Herpes, Hémorroïdes, P
cules, ainsi que toutes les maladies de l
Elle arrête la **Chute** des **Chev**
et des **Cils** et les fait repousser.
« Monsieur, votre pommade
« parfaitement réussi dans plu
« maladies de la Peau et Eczéma r
« chronique. Dr MONTAIG
VIRESCIT EUNDO « 21, r. Croix-Petits-Champs, P
« made, la maladie qui me faisait tant souffrir depuis
« est guérie et les cheveux sont très bien repoussés.
« F... BASSOT. St-Germain-des-Fossés (All
Se vend au dépôt des **PILULES PURGATIVES & DÉPURAT**
MORISON-MOULIN. 2.50 le pot, envoi franco par po
30, rue Louis-le-Grand, PARIS, et les bonnes Pharm

INSECTICIDE GAL
DESTRUCTION INFAILL
des ... ises, Puces, Poux, Mo
ousins, Cafards, Mites,
Fourmis, Chenilles, Charançon
Le kil : **2** fr.; 400 gr. par la Poste : **1** f
E. **GALZY, 71,** cours d'Herbouville, à LYO

LA FARINE MEXICAINE
Du savant BENITO del RIO a figuré
à l'**Exposition Universelle de Paris en 1889,** avec neuf MÉDAILLES D'HON
MÉDAILLE D'OR à Nice en 1890
MÉDAILLE D'ARGENT Exposition de Lyon en 1894
DIPLOME D'HONNEUR Bordeaux 1895 — DIPLOME DE GRAND PRIX Paris

La **Farine Mexicaine** se recommande à toutes les mères désireuses d'avoir des enfants for constitués. Cet aliment délicieux, sous forme de crèmes au lait sucré, se recommande aux jeu anémiques, aux convalescents et aux vieillards, auxquels elle redonne force et vigueur.
Se vend à **Tarare** chez M. **BARLERIN,** pharmacien-chimiste. — *20 crèmes sont envoyé pour 2 fr. 25.*
Dépôt à Paris, 9, place des Petits-Pères, pharmacie TARIN, et dans toutes les principal macies, drogueries et épiceries de Lyon, de France et de l'étranger.
Une remise est faite aux établissements charitables.

LE CAFÉ BARLERIN
MÉDAILLE D'OR à l'Exposition alimentaire et d'hygiène de Nice 1890
MÉDAILLE D'ARGENT Exposition de Lyon 1894
DIPLOME D'HONNEUR Bordeaux 1895 — DIPLOME DE GRAND PRIX Paris 1896

Le **Café Barlerin,** hygiénique de santé, tonique et fortifiant est le meilleur marché e agréable des cafés de santé. — Recommandé dans les **Maladies de l'estomac, Migr Névralgies,** etc.
Se vend à **Tarare** (Rhône), chez M. R. **BARLERIN,** pharmacien-chimiste, en boîtes de 250
1 fr. **25** ; de 500 grammes **2** fr. ; de 1 kilogr. **4** fr.
M. R. **BARLERIN** envoie *franco* une boîte de 250 grammes contre **1** fr. **50,** pour tout postale.
Dépôt à Paris, 9, place des Petits-Pères, à la pharmacie TARIN, et dans toutes les princip macies, drogueries et épiceries de France et de l'étranger.
Une remise est faite aux établissements charitables.

UN AVIS AUX MÉDECINS

Tous les Docteurs savent que **les Bronches et les Poumons** ne constituent qu'un organe (organe de la respiration) où le sang chargé des produits nuisibles à l'organisme vient régénérer et faire une nouvelle provision d'oxygène qu'il va porter dans la profondeur des tissus du corps. C'est sur cet acte physiologique qu'un de nos savants a basé le traitement des maladies de la respiration. Depuis 40 ans, ses expériences se sont continuées dans tous les pays. Ils ont été concluantes.

Ce nouveau procédé est d'une simplicité étonnante. En moins d'une minute sont dissipés les plus violents accès d'asthme, de catarrhe, d'emphysème, d'essoufflement, de toux, de vieilles bronchites. La guérison vient progressivement. M. Louis LEGRAS, ex-interne des hôpitaux, notre savant, a reçu 15,000 francs de récompense et s'est engagé à expédier *franco* une boîte de sa merveilleuse **Poudre Louis LEGRAS** contre **2 fr. 10** en timbres ou mandat-poste adressés : BOULEVARD DE MAGENTA, 139, A PARIS.

Prière à MM. les Médecins de communiquer cette heureuse découverte à leurs malades.

CRÉSYL-JEYES

DÉSINFECTANT-ANTISEPTIQUE
Le seul joignant à son efficacité, scientifiquement démontrée, l'immense avantage de n'être ni **toxique** ni **caustique**.

LIQUIDE - SAVONS - POUDRES

Le CRÉSYL-JEYES est adopté par le Service de santé de l'Armée, les Services de désinfection et d'assainissement de la Préfecture de la Seine, la plupart des Services d'hygiène et municipalités des départements, les **Hôpitaux**, **Hospices**, **Asiles**, Collèges, Lycées, Dispensaires, Crèches, etc.

Prospectus, Brochures et Échantillons franco sur demande
REMISE IMPORTANTE AUX ÉTABLISSEMENTS CHARITABLES

SOCIÉTÉ FRANÇAISE DE PRODUITS SANITAIRES ET ANTISEPTIQUES, 35, rue Francs-Bourgeois, PARIS

Exiger rigoureusement MARQUES, CACHETS et le NOM **CRÉSYL-JEYES**

SPÉCIALITÉS INDUSTRIELLES

49, rue Lafayette, PARIS

SOMMIER MÉTALLIQUE S. I.
LIT MÉTALLIQUE S. I.

Légèreté, Solidité, Élasticité, Propreté

Le sommier se fait en toutes dimensions. Il est fixe ou démontable suivant demande. Indispensable partout où il y a agglomération d'individus, hôpitaux, pensionnats, orphelinats, patronages, etc., etc.

Conditions spéciales pour les établissements charitables.

INSTALLATIONS D'AMBULANCES ET HOPITAUX TEMPORAIRES EN CAS D'ÉPIDÉMIES.

ORGUES D'ALEXANDRE PÈRE ET FILS

81, RUE LA FAYETTE, PARIS

ORGUES-HARMONIUMS depuis **100 fr.** jusqu'à **8,000 fr.**, pour Salons, Églises, Écoles
ORGUES à MAINS DOUBLÉES (Modèles nouveaux)

TROIS ANS DE CRÉDIT

ENVOI FRANCO, sur demande, du Catalogue illustré

BREVETS D'INVENTION

MAISON FONDÉE en 1866

BLÉTRY AÎNÉ, SUCCESSEUR DE **BLÉTRY FRÈRES**
Ingénieur civil et Conseil

PARIS — 2, BOULEVARD DE STRASBOURG — PARIS

MANUEL DE L'INVENTEUR (6e édition) : **1 fr.**

PARIS. TYP. DE E. PLON, NOURRIT ET Cie, 8, RUE GARANCIÈRE. — 897.

www.ingramcontent.com/pod-product-compliance
Lightning Source LLC
Chambersburg PA
CBHW060512050426
42451CB00009B/943